格力董明珠

中国制造2025

甘全开 / 著

新世界出版社
NEW WORLD PRESS

图书在版编目（CIP）数据

格力董明珠：中国制造2025 / 甘开全著.
— 北京：新世界出版社，2016.6
ISBN 978-7-5104-5706-7

Ⅰ.①格… Ⅱ.①甘… Ⅲ.①董明珠－生平事迹
Ⅳ.①K825.38

中国版本图书馆CIP数据核字（2016）第104958号

格力董明珠：中国制造2025

作　　者：甘开全
责任编辑：张杰楠
责任印制：李一鸣　吴海兵
出版发行：新世界出版社
社　　址：北京西城区百万庄大街24号（100037）
发 行 部：（010）6899 5968　（010）6899 8705（传真）
总 编 室：（010）6899 5424　（010）6832 6679（传真）
http：//www.nwp.cn
http：//www.nwp.com.cn
版 权 部：+8610 6899 6306
版权部电子信箱：nwpcd@sina.com
印　　刷：北京市兆成印刷有限责任公司
经　　销：新华书店
开　　本：710×1000　1/16
字　　数：210千字
印　　张：17
版　　次：2016年6月第1版　2016年6月第1次印刷
书　　号：ISBN 978-7-5104-5706-7
定　　价：42.80元

PREFACE 前言

什么才是真正的财富？

2015年2月，全球著名财经出版物《福布斯》杂志发布了“2015年亚洲商界权势女性”的50位榜单。在中国大陆共有8位女性企业家上榜，其中格力电器董事长董明珠的排名最高，位居榜单第4位。相比之下，科技行业的其他女性则稍逊风骚：阿里巴巴蚂蚁金服CEO彭蕾排在第7位，阿里巴巴CFO武卫排在第8位，华为董事长孙亚芳则排在第9位。

董明珠是靠什么竞胜群芳的？靠矿产资源？不是！靠资本运作？也不是！董明珠靠的是工业精神。格力的12字管理方针“公平公正、公开透明、公私分明”，可以说恰如其分地总结了这种工业精神。“公平公正”强调良好的市场环境，“公开透明”强调技术分享，而“公私分明”则强调管理艺术。

多年来，董明珠靠着这种工业精神，不断进行科技创新，最终将格力空调打造成世界名牌，并通过格力的优质产品重塑中国制造的声誉。

在本书中，我们分别从人生转折、技术创新、营销目标、竞合艺术、领导风格、超越空调、中国制造2025、成功女性等8个方面，综合解读了亚洲商界权势女性董明珠的成功路径。全书兼具文学性和故事性，并配有图表和精彩评论，让人们在轻松快乐的阅读中领悟到伟大事业与辉煌人生的内在关联。

人生的转折点，在哪里？

自主创新为什么要吃亏？

销售的核心是什么？

最大的竞争对手是谁？

走过的路不长草！那长什么？

多元化之路怎么走？

制造强国，怎么强起来？

女性靠什么成功？

柔弱女子为何带有国家情怀？

……

在本书中，你都可以找到答案，并将其内化为一种力量。这种力量将会让你励志一生、超越平凡，直至摘取桂冠的那一天。

试想一下，格力电器原本是一家代工小厂，如何在20多年间华丽转变，成为拥有几万名普通员工、几千位科技人员、多家研究院、数百间实验室和数家海外生产基地的集团公司？同样的时间、同样的环境和同样的起点，为什么有的家电企业却经不起商海沉浮的考验，昙花一现后就悄然退出历史舞台？那是因为他们不具备强烈的奉献精神和挑战精神。

南下打工，这是董明珠人生转折的开始。进入格力电器，遇到一位善于授权的老领导，可以说是董明珠的幸运。但是，成功不能总靠幸运。如果董明珠没有奉献精神，她就不会把20多年的青春和热血献给格力；如果董明珠没有挑战精神，格力就不会研发出这么多专利技术，打造出这么多的完美产品，也很难成为世界空调业的领导者。

就像董明珠靠着自己的实力从业务员一步步晋升为格力集团董事长一样，格力电器也靠着自己的实力，纵横驰骋家电市场，征服全世界消费者。1赫兹变频节能空调、不用电的光伏中央空调、无缝隙的全能王空调，还有真正的智能家居，这些产品和工程项目都兑现了“格力掌握核心技术”的诺言。

格力的营销目标就是要让全世界的人都信赖格力空调，这种信赖来源于格力质量完美的产品、优异的售后服务和精细化的企业制度。董明珠始终认为，真正的竞争对手是自己，因为格力已经成为空调业的领导者，唯有不断挑战自己、持续创新，才能创领世界，保持行业制高点。

在格力，董明珠是一位富有奉献精神和挑战精神的领导。多年来，她带领着格力实现了两个跨越：一是从“中国制造”到“中国创造”的跨越，成功打造了格力这一世界品牌；二是从“中国创造”到“中国智造”的跨越，开启了真正的智能家居时代，并以格力太阳能光伏空调作为该系统工程的核心。

在国家工业4.0版本（《中国制造2025》规划）出台后，董明珠积极响应，带领着格力不断谋求转型变革，以“创新驱动、质量为先、绿色发展、结构优化、人才为本”为基本方针，将格力梦和中国梦有机结合起来。格力梦是让全世界的人都信赖格力电器，而中国梦是让中国民族实现伟大复兴，两者在“重塑中国制造强国新形象”这个基础上，找到了新的重合点。

成功的女性就是要挑战自己。多年来，董明珠已经把自己的命运、格力的命运和国家的发展结合起来，正是格力“用科技改变生活”的伟大愿景让她感到充实与快乐。

二十余载沧海桑田，二十余载敬业报国，董明珠已是荣耀加身、财富倍增，实现了自己的人生价值和社会价值。可是，在董明珠看来，成功不是财富的多寡，而是要赢得社会尊重，解决社会问题。正如董明珠所说：“真正的财富不在于拥有多少亿的资产，而是取决于创造了多少社会尊重，解决了多少就业与困难。这是我一直坚持的理念！”

CONTENTS 目录

第6章

超越空调：

格力不知不觉地多元化了

第7章

中国制造2025：

格力用科技改变生活

第8章

成功女性：

敢于放弃自己、挑战自己

附录

第1章

人生转折：

如果他在，
我就去不了珠海

如果不是这件事，我不会走现在这条路。

如果他在，也不会同意我来珠海。

——董明珠

成功的人生，需要一个转折点

珠江入海，潮起潮落，令人沉醉的海风恣意抚摸着这座百岛之市、浪漫之城——珠海。珠海特区魅力无限，她与香港隔海传情，与澳门同气连枝，经过10年的高速发展，已是天地翻覆、山鸡化凤。随处可见三角梅含春绽放，生机勃勃地迎接着四方来客。曾几何时，无数的外国政要前来取经，无数的打工者在此圆梦。

南下打工

1990年的一天，阳光明媚，空气清新，一位风尘仆仆的女子理了理自己的蘑菇头，提着行李包，随着滚滚人流来到了深圳。初来乍到，那股激动兴奋的心情早已随风飘散，剩下的只是特区城市的生存考验。

为了尽快找到工作，她游走于各人才市场和职介所之间，又投简历又面试。她想做行政管理工作，不想去做流水线上的普工，因为自己过去好歹也是个国家干部。最后，她终于如愿以偿地在深圳一家化工企业找到一份行政管理工作。

但是，生活的重压使她不得不做出重要的人生抉择：放下身段，去做销售。因为丈夫去世了，孩子年龄还小，所有的一切都要自己扛。

如果销售做得好，收入就会比较高，这样既可以解决生存问题，又可以让孩子过上更好的生活。

——她就是董明珠。

一次偶然的机会，董明珠到珠海替一个朋友办事，路过珠海海利空调器厂（格力电器的前身）时，听到里面走出来的人说这里正在大量招聘普工和销售人员，包吃包住。于是，她径直走了进去。

“董小姐，请你简单介绍一下自己。”很快，紧张的面试开始了。

“我是董明珠，来自江苏南京，学的是统计学专业，曾经做过行政管理工作。”董明珠如实回答。

“我们这里可能没有适合你的工作哟。”面试官话锋一转，想叫下一个人进来。

“只要不做普工，做什么都行。”董明珠表明了态度。

“做销售怎么样？”面试官积极推荐这个岗位，因为大多来面试的人都想做无忧无虑的普工，因为普工的生活、工作都很有规律，不用动太多脑子，不像做销售的，东奔西跑、风餐露宿、需要天天想新的花招。

“好啊！”董明珠坚定地回答。

“你今天可以上班？”面试官如释重负，他原以为董明珠会拒绝。

“可以，没问题！”董明珠高兴地说。

就这样，董明珠从国家干部变成了空调厂的基层业务员，其中的苦楚只有自己知道。现在，自己一点经验也没有，也不得不走上了销售这条路，犹如盲人骑瞎马一般，唯有死磕到底了。董明珠坐到销售人员的位置上，很快又想起千里之外的儿子。

那曾是一个多么幸福的家庭呀。董明珠出生在南京一个普通的家庭里，大学毕业于安徽芜湖干部教育学院统计学专业。1975年开始，在南京一家化工研究所做行政管理工作，工作稳定，拥有干部身份。后来，在山花烂漫的季节，董明珠邂逅了心爱的丈夫，两人喜结伉俪、鸾凤和鸣。

然而，天有不测风云，人有旦夕祸福，就在儿子2岁时，丈夫因病去世了。正所谓“男人无妻财无主，女人无夫身无主”。董明珠失去了丈夫，要独自带着儿子生活，强烈的危机感向她袭来。眼看儿子一天天长大，吃饭穿衣、上学教育等样样都要花钱，自己现在的工作虽然稳定，但是薪水少，解决不了根本问题。

当时，深圳已经成为特区很多年，经济高速发展，震惊全国。国外大公司纷纷来深圳投资办厂，招聘中国工人，听很多去那里打工回来的人说，他们一个月的奖金就等于自己一年的工资。这时，董明珠心动了，也下定了决心，为了给儿子更好的生活，她要南下去闯一闯。

1990年，董明珠经过深思熟虑，毅然辞去了令人羡慕的化工研究所行政管理工作，并将儿子留给母亲照顾，自己怀着“不成功便成仁”的执着精神南下打工。

几经波折，董明珠最后进入珠海海利空调器厂做了一名基层销售人员。当时，珠海海利空调器厂虽然是国有企业，但是已通过“特区速度”完成了一系列现代化企业改革，政企分开、自主经营、自负盈亏。政府部门已经成为了“若即若离的情人”，而企业却要直面市场上弱肉强食的“狼虎之争”。厂里的领导有压力，基层销售人员更是首当其冲。

当时，珠海海利空调器厂刚投产不久，年产能约2万台，而且没有什么像别人那样的核心技术，平常只能做些空调贴牌生产、配件组装。当时，春兰年产空调近10万台，产销量、利税均居全国空调业之首，成为中国空调界的“霸王龙”。海利空调只能作为春兰的粉丝、小跟班，一边做组装空调，一边模仿春兰研发空调。

进入了海利空调器厂后，在选片区的时候，董明珠选择了自己比较熟悉的安徽，因为自己曾经在那里读过大学。

虽然董明珠一开始并不懂空调是什么东西，但她很快就收拾干净心中的痛苦，以饱满的精神状态投入到销售工作中。公司领导分配给董明珠的第一个任务，就是去安徽合肥追债。那是一个艰巨无比的任务——上一个业务员留下了一笔40多万元的债务。

做过销售的人都知道，在鱼龙混杂的市场环境中，有些经销商不断玩着超额赊销、店大欺主、跨区串货等把戏。那些无良经销商拿着你的货、用着你的钱，迟迟不付货款却转移到其他投资领域，当你向他要钱时，他要么玩起了躲猫猫、神龙见首不见尾，要么一拖再拖，试图让人人都知道，欠账就是大爷，谁让爷不高兴，爷就让谁吃不了兜着走。

别的业务员认为那是上个业务员的事，与新的业务员无关。但是，董明珠心知肚明，公司领导想利用追债来测试一下自己的能力，最终决定自己的去留，而自己也急需一次成功来证明自己，巩固自己的位置。

于是，那个“倒霉”的经销商就遭遇了史上最强悍的女销售员——“拼命三娘”董明珠。

艰难追债

听说珠海海利空调器厂派来了一个“新兵蛋子”女销售人员来追债，那个销售海利空调的合肥经销商决定要好好“耍耍这只猴”。

经销商先给她一个下马威，就是避而不谈、爱理不理。该经销商发现董明珠来找他的时候，就似听非听、借故开溜，随便找些与销售毫不相干的人应付她，或者把她晾在会议室喝白开水，或者把她拒在公司门外。

“她走了没有？”经销商问员工。

“没有，还在那儿。”员工指指门外的董明珠。经销商发现门外的董明珠目光如炬、斗志昂扬，连忙从后门溜出去了。

经销商原本以为，这么折腾一下，这个女销售员就会知难而退，以后再也不敢来追债了。没想到，董明珠却爆发出超乎常人的耐力和战斗力。

在困难面前，董明珠使出“孩子粘妈”的策略，让自己与那个经销商如影随形，经销商上哪儿董明珠就跟到哪儿。上班前，董明珠先出现在经销商的办公室门口，经销商看到后，紧张得转头遁走；经销商正在开会，董明珠就在会议室外面游走，惹得该经销商很不安；在下班的时候，董明珠堵在经销商门口问他要钱，还狠狠地盯着看他要往哪里去，这让经销商如芒刺在背。

第二天，董明珠又重复上演这样的“猫鼠剧”。

这个经销商也是“身经百战、经验丰富”，很快又施展了第二招，那就是货款核对，想用那些老账烂账、呆账坏账把董明珠搞得晕头转向、神经衰弱，而自己最后总是不予确认，让她竹篮打水一场空。

“那就对对账吧！”经销商神情诡异，冷笑着呷了一口茶。

“没问题！”董明珠自信地回答。

经销商没有想到的是，原来董明珠是统计学毕业的，历年来空调进出账目、发货退货、破损报废等几本厚厚的账册，董明珠用不到一天的时间就搞定了。最后的结果是：账目清晰，证据确凿，自己总共欠人家42万的货款。

接下来的日子，董明珠还是天天上演“猫鼠剧”，这时经销商已经从大爷变成了小老鼠，越来越觉得没有面子，精神高度紧张，见到董明珠就像见到猫一样恨不得人间蒸发。

无奈之下，“老赖”经销商使出最后一招，拖死她！可是，董明珠的应对却是，跟死他！

有一天，董明珠又把经销商堵在了门口。

“你这个人怎么这样？我很忙的！”经销商发怒了。

“你要么还钱，要么退货。否则，从现在开始，你走到哪里我跟到哪里！”董明珠终于怒吼起来。很多员工都冲出来看，发现自己的老板原来是个暗室欺心的小人，其他厂商的业务员闻知此事也纷纷表示暂停与该经销商的合作。

在接下来的日子里，该经销商无货可卖，无钱可收，现金流断了，工资也发不出了，最后，经销商再也不装大爷了。

“算你狠，我没钱，你来拿货吧，我把货给你！”该经销商终于败在董明珠手下。

“好吧，我现在就来拿走我们公司的货。”董明珠认为，经销商没有还钱，退货是天经地义的事。

于是，董明珠来到经销商的仓库，发现经销商不见踪影。董明珠就对经销商的员工说：“你们知道我为什么天天跟着你们领导过不去吗？那是因为我对企业负责。如果你们的企业和我们的企业换过来，有人欠了钱不还，你们会怎么样？”

那些员工听了很感动，其中有一个仓库员工悄悄告诉董明珠说：“董小姐，你说得很有道理，明天老总一到仓库，我马上通知你过来。”

董明珠发现“策反成功”，就回去租车准备拉货。

第二天，那个经销商刚到仓库，“间谍员工”马上就给董明珠报信。于是，董明珠雇了一辆大货车迅速杀到，把经销商堵在库房门口。

经销商没办法，只能任由董明珠进仓库挑出海利的空调，搬到车上去。董明珠发现这些空调很重，特别是外挂机她一个人根本搬不动，她就把空调一个又一个拖上车去。

最后，董明珠大致算了一下，满车的空调抵得上那40多万的欠款时，马上叫司机快速开走。董明珠担心那个经销商突然反悔，把她拦下。

“嗒嗒——”货车发动了，董明珠终于松了一口气。40多万元的债追了40多天，终于尘埃落定了。

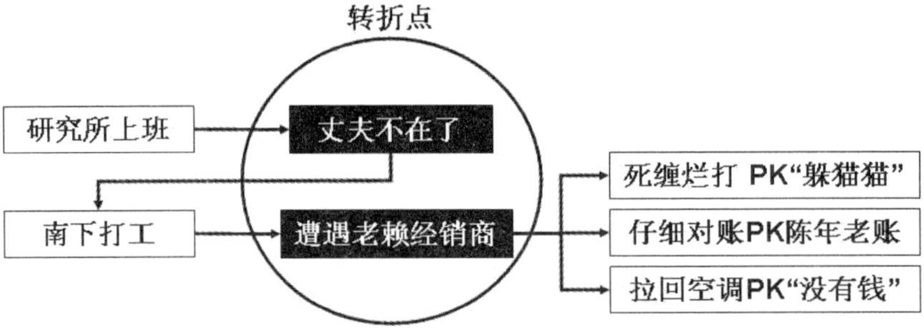

董明珠人生的转折点

董明珠不禁流下了泪水。她把头伸出车窗，对着那个老赖经销商大喊：“从今往后，我们再不和你做生意了！”

那个经销商看着货车远去，呆若木鸡。董明珠跟着那辆满载而归的货车直接从安徽开到了珠海。

经过40多天不依不饶的跟进，董明珠完胜经销商，追债成功。珠海海利空调器厂的领导们对她刮目相看，并将其列为重点培养对象，给以充分的授权。

从此以后，空调界的销售实现了“大逆天”，董明珠知道追债太难了，所以她在自己的片区内，果断执行了“先款后货”的策略，让那些妄图赊销、“充大爷”的经销商，全部变得乖乖的。

成功的人生，往往要经历一个重要的转折点。丈夫去世，化悲痛为力量，从江苏南京到广东珠海打工，这就是董明珠人生中一个重要的转折点。董明珠说：“如果不是这件事，我不会走现在这条路。如果他在，也不会同意我来珠海。”

原来做行政管理的，能不能做好销售？“天下事有难易乎，为之则难者亦易矣。”一般来说，做销售开发客户、铺货上架不难，最难的是追债与后续管理。凭借顽强的拼劲和初生牛犊不怕虎的精神，董明珠在合肥追债一役，一战成名，终于在海利空调厂巩固了自己的位置，在竞争激烈的珠海站稳了脚跟。

销售女将如何炼成？

夏日骄阳，如火似炙，正在淮河之滨的淮南市逞凶。董明珠烫着卷发、着装清爽、挎着文件袋，一个人健步如飞地在路边行走，根本无暇顾及这座“山水平秋色，彩带串明珠”的城市。现在，董明珠要去拜访安徽淮南一家电器商店的经理，那位经理也是一位中年女性，正是她最先支持董明珠的“先款后货”政策。

董明珠在合肥雇大货车抢回自己的空调，给了“老赖大经销商”狠狠一记耳光，很多经销商串通一气，要抵制她，不进她的货。为了开展业务，董明珠开始在安徽省各个城市培养中小型经销商，她不断向经销商推介空调，同时以自己艰难追债的经历，说明“先款后货”的重要性。

1991年，珠海冠雄塑胶工业公司与珠海海利空调器厂合并为格力电器股份有限公司，朱江洪出任总经理。在会议上，总经理朱江洪为了防范货款风险，多次以董明珠合肥追债的成功案例，勉励业务员要先收款，再发货。

第一个“20万”

当时，格力空调的品牌还不算强盛，“先款后货”的策略几乎行不通。经过一段时间的沉寂，董明珠的业务首先获得突破。当时，安徽淮南一家电器商店的女经理，发现董明珠言谈诚挚、处处为人着想，于是她说："我先进20万元的货试试，好销再多进，不好销就不要了。"

董明珠十分高兴，火速奔往淮南取回20万元的支票，并在第一时间给客户发货。这时，问题来了，空调卖不出去怎么办？作为业务员的董明珠总不能只收人家的钱，对销售情况不闻不问吧？为了帮助经销商卖出空调，董明珠决定再去拜访那个女老板，为她出谋划策。

很快，董明珠拐过几条街，来到了那家电器商店的门前，她发现在店外面没有什么关于格力空调的广告。进店之后，她发现虽然店老板把格力空调摆在了最显眼的位置，可是董明珠守候了一个上午却无人问津。

"董小姐，你说怎么办？"女老板对格力空调越来越没有信心了。

"这有什么难！你这里这么多员工，只要你发动他们的亲戚、亲戚的亲戚来试用格力空调，问题就解决了！"董明珠决定像卖保险搞"近亲营销"一样，专门向亲戚朋友卖空调。

"太好了，董小姐一出马，就解决了我心中的愁闷呀！"女老板听到董明珠这么一说，破颜欢笑起来。

很快，女老板叫来所有员工振振有词地说："现在交给你们一项任务，所有人都要动员自己的亲戚朋友前来购买格力空调，以前没有用过的要用上，用其他牌子的也要换上，要不然这个月的工资不保！"

那些员工一听到女老板说出"工资不保"这几个字，马上紧张起来，纷纷给亲戚朋友打电话，叫他们过来"支持工作"。这一招果然有效，下午就有不少员工的亲戚朋友过来购买空调。接下来的几天，20万元的格力空调全部销售一空。女老板喜出望外，又迅速找董明珠进了一批货，同样是先款后货。

有了淮南这个样板店，董明珠趁热打铁，在淮南不断开发新店、借店营销，迅速打开了市场。很快，董明珠在淮南的销售突破240万元！经销商对格力空调越来越有信心，对于董明珠的“先款后货”政策越来越拥护。在董明珠的积极奔走之下，芜湖、铜陵、安庆、合肥等安徽省许多城市又重新插上了格力空调的旗帜。1992年，董明珠在安徽的销售额突破1600万元，她一个人的销售量占整个公司的1/8。

一个业务员、一个安徽省就能收到1600万的真金白银！这让总经理朱江洪大为震动。朱江洪知道，随着格力电器的发展，产能不断提高，产品越来越多，急需一个销售猛将，带领大家与其他空调品牌进行“血拼”。这个销售猛将是谁呢？

朱江洪在大脑中扫描一下了，发现公司里原来的销售副总不愿跑市场，而很多基层业务员要么不负责任，要么不够专业，能够拿得出手的寥寥可数。董明珠虽然是半路出家，却能在合肥成功收债、突破淮南，以先款后货的政策重新盘活整个安徽市场，让朱江洪看到了新的希望。朱江洪决定对董明珠委以重任，让她杀向“没什么市场机会”的江苏省。

第一个“1.6亿”

1992年秋天，总经理朱江洪带着业务员董明珠到华东考察，为了考验董明珠的能力，朱江洪多次问董明珠一些刁钻的问题。

“小董，你认为什么才是最好的营销政策？”有一次，在出差的车上，朱江洪突然问道。

“好的营销政策，不仅要把货卖出去，把钱收回来，还要通过制订一些制度，在公司与客户之间形成稳固、诚信的合作关系。我们让客户有利可图，这样生意就能长久。如果我们不能保障客户的利益，客户不跟我们走，最后我们的生意也没得做了。”董明珠经过两年的历练，开始有了自己的思路。

“说得好，以后江苏的市场也交给你了。”朱江洪终于放心了。

董明珠接管江苏市场后，发现春兰、华宝两大强势品牌早把市场垄断了，很多经销商、店面都铺满了他们的空调，格力空调很难再找到“一条缝隙”安插进去。

在困难面前，董明珠沉着应战，决定利用安徽的打法，攻克江苏。在跑市场过程中，董明珠不断向经销商推介安徽的成功模式：先款后货、先亲戚朋友试用再惠及广大客户。董明珠积极勤奋、处处保障客户的利益，而春兰、华宝这两大强势品牌却“倚老卖老”，缺少这些细腻入微的“人性关怀”。很快，市场的天平发生了“超级逆转”，经销商纷纷跟着格力的步调走。格力空调步步为营、异军突起，让春兰、华宝不敢小觑。

在1992年底的春兰订货会上，董明珠认识了江苏五交化总公司的业务经理，并邀请他们公司领导会后到珠海考察格力电器。

“我们要做格力的江苏全省空调的总代理，保证年销售额不低于1000万元，不过，超过部分你们要给我们0.5%的奖励。”江苏五交化总公司的领导在完成对格力电器的考察后，当场向董明珠提出“返利要求”。

董明珠迅速盘算了一下，客户通过低买高卖再加上返利奖励，赚的也是小头儿，格力电器还是赚大头儿，而且客户也同意采用“先款后货”的销售政策。于是，董明珠就说服总经理朱江洪同意了客户的条件。

1992年12月，在空调销售淡季，江苏五交化总公司第一笔就向格力电器汇了200万元的现金提货，此举轰动整个空调界。董明珠为了帮助客户销售格力空调，就从珠海总部搬到南京客户的空调部门上班。后来，董明珠根据这个案例总结了“淡季返利”政策，建议客户在空调销售淡季，只要能像江苏五交化总公司那样，向格力电器投入一定的采购资金，格力电器不仅将空调优先发给客户备战明年，还给予客户适当的返点奖励。这一政策一经推出，就受到了很多经销商追捧。

1993年开春后，南京苏宁电器突然引燃了价格战，各大商家被迫应战，各种空调纷纷降价，降价幅度从几百元升级到一千多元，空调销售进入“微利无利时代”。面对各个空调品牌的轮番杀伐，格力电器上至领导下至业务员大声疾呼要降价，可是董明珠却纹丝不动，让格力空调各个产品依然保持坚挺价格。

价格战烧了半年，把很多空调厂商都烧残了、烧没了。随着酷暑的临近，空调销售重归旺季，苏宁电器和各大商场的空调却脱销了，已无货可卖。这时，董明珠终于出手了，她将格力空调迅速铺向各大商场，短短几周之内，格力空调就升格成为各大商场的销售冠军！

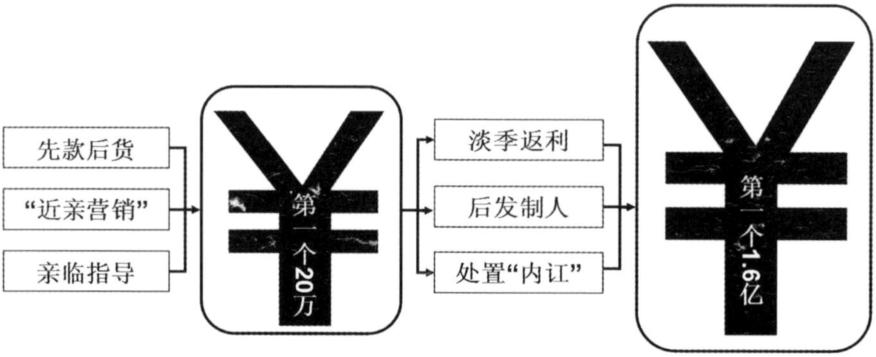

董明珠提高销售业绩

就这样，董明珠后发制人，战果丰硕。1994年，格力销售额高达8亿，董明珠在江苏的销售额达到了1.6亿元，这个数字占了当年格力总销售额的20%。这时的格力不再是春兰的“粉丝”了，而是成为与春兰、华宝三分市场的知名品牌了。

格力电器凭借着董明珠这一面“攻无不克”的鲜明旗帜越战越勇，格力电器的烽火很快就燎原全国，打得春兰、华宝等空调处处退让。然而，堡垒最容易从内部攻破，很快格力电器就出现了“内讧”。

就在董明珠高歌猛进、拿下江苏市场之时，格力电器附近有一家空调厂看到格力销售获得巨大成功，就积极游说原先的销售副总，想挖走格力电器的整个销售团队。在高薪及其他优惠条件的刺激下，原先的销售副总带着一批销售骨干突然集体辞职，跳槽到其他空调厂，让格力电器猝不及防。

情急之下，总经理朱江洪急电董明珠，让她先放一放江苏的销售事宜，回到珠海处理紧急事务。董明珠火速回援，在得知“销售副总跳槽”的真相后，董明珠于1994年毅然接受了珠海格力电器股份有限公司经营部部长的委任。

黄金组合：老领导+女强人

深圳特区犹如一位时尚新潮的女子，望着内伶仃岛的红树林心潮澎湃，对着海面上的倩影弄妆梳洗。城市深处更是美丽如画，高楼大厦鳞次栉比，花园小区星罗棋布，国际化元素无所不在。一川锦绣的深南大道，就是深圳的命脉所在，白日里她繁花灿烂赛艳丽，夜间她霓虹璀璨争辉煌。

1996年深秋，位于深南大道的深圳证券交易所迎来了一些特殊的客人，他们来自珠海的格力电器。1996年11月18日，总经理朱江洪西装革履，带领格力电器在深圳证券交易所成功上市，并成功募集资金4200万元，为格力电器的兼并重组、进一步提升产能奠定了基础。

就在格力上市那一年，董明珠从经营部部长晋升为销售公司经理，1997年又被提升为副总经理。从此，董明珠和朱江洪成为“老领导+女强人”的黄金组合。“老领导”朱江洪管理技术研发，“女强人”董明珠管理产品营销。

整治“大户”

听说董明珠要施行“先款后货”的策略，一些经销商根本没放在心上，以为她也就说说而已。有一天，一位经销商大摇大摆地走进了董明珠的办公室。他是年销售额超过1.5亿元的“超级能销户”，下至业务员上至总经理，都对他敬畏有加。

“董小姐，我们做得这么大，你看这个先款后货的策略是不是可以通融一下，还有那个0.5%的返利，能否再调一调？如果没有一点变通的话，我们也不想这么卖力了！”这位大经销商此次前来格力电器，原来是要求特殊待遇，对董明珠“逼宫”，要求她让利。

“不行，我们对所有的经销商政策都是平等的！”董明珠一口回绝了。

“你等着看吧。”经销商拂袖而去，火速到朱江洪总经理那里求情。

朱江洪知道厂商闹僵对大家都没有好处，于是就以“和事佬”的身份劝董明珠：“你看能不能变通一下，大户补齐货款后，先发货再收钱？”

“好吧，那先让他补齐货款吧。”董明珠莞尔一笑。

该大户看到有公司老总亲自出面说情，料想董明珠必定会对自己网开一面，就命令自己的财务人员汇足以前所欠的货款，然后下个大订单，拿超过这些货款的货，这样就可以做到“永远欠债、永远赢”了。

没想到，大户汇款后，董明珠却拦住货不让发了。

“快给我发货。”发现自己“被耍了”，大经销商自然不高兴了。

“想要货？按照订单上的货款，先拿钱来！”董明珠义正词严地说。

“别的空调厂都能先货后款，为什么你们不能？”大经销商反问。

“就算别人全那样，我们格力偏要跟他们不一样。”董明珠寸步不让。

一脸委屈的大经销商又跑到朱江洪总经理那里告状：“有她就没我！”

“我也没办法了，营销的事现在都由董明珠负责了。”朱江洪知道，虽然董明珠是自己提携上来的，但自己已声明给予她充分授权，营销上面的事情自己也不好再插手了。

没过几天，董明珠就断了那个经销商的货，把他开除出格力经销网，并声称：“有我就没他。”

这让所有业务员和经销商都感到很震惊，一个年销过亿的经销商也不能跟董明珠谈任何条件，其他的经销商就更不用说了！

23人对抗1000名业务员

原来的销售副总带走销售骨干后，董明珠非但没有大幅增员，反而削减了业务员的人数，把节省下的业务费，全部用来贴补经销商。1997年，董明珠把省下来的2.5亿元以“淡季返利”的形式返给经销商，所以广大经销商都死心塌地跟着格力电器走。

后来，董明珠手下只有23名营销业务员，人少如何办大事？董明珠说：“我们要靠制度来发展经销网，而不是一两个能干的营销员。”

于是，董明珠安排业务员每人负责一个省，他们只负责协调几个一级经销商，不负责发展网络。由一级经销商去自由发展二级经销商，然后根据年销售额度的不同，给予一级经销商返利。就这样，一级经销商开足马力，不断扩充格力的全国经销网。于是，“一人一省几个一级经销商带动无数个二级经销商”，就形成了董明珠的营销体系。

在营销制度中，董明珠规定：营销业务员不许拿回扣，谁拿一分钱，就开除谁。她对营销业务员考核不是以销售额衡量，而是看他们与经销商的日常沟通、市场调研、价格监督、出谋划策等工作量。

当时，春兰、华宝等大牌空调厂分布在全国各地的业务员高达上千名，可是格力只有23名业务员，分明要以“敢死队对抗别人的整装师团”。23名业务员如何与千名业务员抗衡？董明珠使出的招数，就是严格控制成本。

董明珠喜欢一个人出差，也没有请客吃饭的惯例，她到了各地经销商那里从来不请别人吃饭。经销商来了格力电器，她就领他们去厂里的食堂吃工作餐。董明珠说："多带一个人就多一个人的费用。"

看到营销副总董明珠都是"千里走单骑"，下面的业务员再也不敢提什么额外要求了。23名业务员一年就能省出几十万元的业务费，而别的空调企业却耗金无数，那一千多名业务员每年都要花费上亿的业务费。一边是细水长流，一边是流血断臂，鹿死谁手已经很明显了。曾经有这样一家空调厂，当全国的业务员拿着满满一袋单据回到公司报销时，却惊讶地发现公司已经人去楼空、被查封破产了。

不久，市场出现新的情况。格力电器的一级经销商发展的二级经销商越来越多，在供货不足的情况下，有些一级经销商开始铤而走险，仿制格力空调，试图以假乱真。

董明珠得到这个消息后，马上见招拆招，推出了空调机身份证，使每台空调在营销部备案，用户有任何问题都可以直接向珠海总部查询。董明珠一旦发现图谋不轨的经销商，一律与之断绝业务往来。

1996年，格力电器斩获15亿元回款，销售额增长高达17%，第一次超过春兰空调。春兰空调这个空调界的"霸王龙"日渐衰落，而格力电器迅速成长为行业领导者，成为中国制造业的一颗璀璨瑰丽的"永恒之星"。

就在董明珠完善营销制度，以少胜多、以弱胜强，赶超竞争对手的同时，朱江洪带领着格力的科研人员，进行了一项又一项技术攻关。

在管理中，朱江洪善于放权。他说："我只管关键的大事情，一般的我不抓，不然要那么多老总、副总干吗？"朱江洪担任格力董事长后，管理着研发部门、投资证券部，主管大的投资方向；而董明珠则管理营销部和财务部，做到开源节流，不断提高公司的盈利水平。

在朱江洪和董明珠这一黄金组合中，朱江洪主张以和为贵，而董明珠主张针锋相对。

格力电器收购“格力集团”

在众多企业的发展史上，很多案例都是集团公司收购子公司，可是在格力电器的发展史上，却是子公司收购了集团公司。这也是董明珠强势争取的结果。

2003年10月底，格力集团下属公司格力小家电进军厨具市场的消息不胫而走，从此格力电器与格力小家电爆发了品牌争夺矛盾。为了澄清事实，格力电器在全国媒体上发布声明，称某公司借用“格力电器”的商标及厂房照片来宣传自己，矛头直指格力小家电。

就在格力电器发布声明的第二天，格力小家电就摆出格力集团对格力电器进行反击。格力小家电拿出一份署名为格力集团的《“格力”商标授权使用说明》，指出格力电器以及格力小家电均为集团授权经营的子公司，而且“格力”商标属格力集团所有。几天后，格力集团又在全国性报纸上宣称格力集团授权格力小家电使用格力商标。就这样，格力电器与格力小家电的商标之争，最终回到了格力电器与格力集团的品牌纠纷上。

后来，格力集团不断对格力电器进行施压，企图让朱江洪退出格力电器董事长的位子。朱江洪当然不忍心将自己多年经营的格力电器拱手让人，于是三番五次找集团领导沟通，寻找和平解决纠纷的办法。

然而主张以和为贵的朱江洪却处于非常被动的局面，当时的格力集团董事长曾计划在格力电器换届股东大会上正式罢免朱江洪。就在关键时刻，董明珠再也不能忍受这种“哑巴亏”了。董明珠通过各种途径找到格力集团的上一级领导，动之以情，晓之以理，积极游说，请求上级领导慎重考虑格力电器董事长的人选问题。最后，珠海市政府做出迅速处置，以禁止格力集团董事长参加换届股东大会的方式阻止这场“权力之争”，最终朱江洪的位子保住了。

朱江洪回忆说：“我当时很积极地跟领导沟通，有些人也会理解成我很重视这个位子。其实我个人无所谓，但我不希望格力被伤害！”

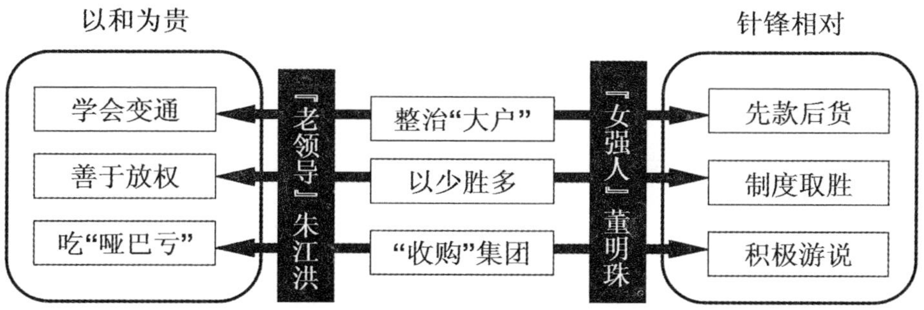

黄金组合：老领导+女强人

为了解决格力品牌的纠纷问题，格力电器领导层决定以收购见分晓。经过不到一年的积极筹备，格力电器完成了对格力集团的收购行动。

2004年9月，格力电器以总计约1.484亿元人民币的价格向格力集团收购了其持有的凌达压缩机70%的股权、格力电工70%的股权、格力新元80%的股权及格力小家电75%的股权。格力电器借助这次收购，将格力小家电纳入格力电器的资本体系，从此原先存在的品牌纠纷问题得到妥善解决。

董明珠很幸运，人到中年的时候，进入一家好企业，碰到一个好领导；这个企业给了她广阔的发展平台，这个领导给了她充分的授权。朱江洪也很幸运，在隐退之前，组建了一家好公司，也找到了自己的接班人；这个公司给了他无上的荣光，这个接班人也将恪守格力的使命（弘扬工业精神，追求完美质量，提供专业服务，创造舒适环境），领着格力人奋然前行。

格力已经成为我的符号

夜幕降临，华灯初上，徐徐晚风吹拂着道旁树，送来阵阵花香，沁人心脾。黑白相间的珠海格力总部大楼，依然灯光辉煌，精益求精的工人们正进行产品加工；仓库里一丝不苟的叉车工依然忙忙碌碌地收货发货。这时，董明珠穿着舒适的衣服，开始一个人在厂区内快走起来，她边走边思考着一个重要的决策。格力电器的厂区很大，董明珠走了一个多小时，也想了一个多小时，最后，她决定了，要和大金公司合作。

董明珠做出这个重要决定的原因，主要有几点：第一，大金是一个近百年的企业，双方都专注于做空调，有合作的基础；第二，大金公司是日本“变频之父”，格力电器与大金合作有助于共同开发变频空调新技术，不断丰富格力的空调产品线；第三，大金在日本空调领域是处于主导市场地位的，相当于格力在中国的地位，两者的合作属于“门当户对”；第四，日本大金在全球一百多个国家都有自己的网络布局，格力电器通过和他们合作，可以间接获得一些国际化经验。

要控股要左右企业命运

不过，格力电器和大金的谈判一度陷入僵局。底下的人在和大金公司谈判时，大金公司提出两条苛刻条件：第一，他们要控股。第二，他们要收40%的技术转让费。

董明珠认为这是无理要求。可是，在底下人的游说下，朱江洪董事长也认为只要能够和大金合作，即使格力电器控股40%也在所不惜。

“朱总，你错了。如果答应了他们，将来他们要再在中国投10个亿，我们就完蛋了。我们的股份会不断减少，最后就没有控股权了。我们可以不合作，但这个口不能松。”董明珠当场反对这个决议。

“那你说怎么办？”朱江洪董事长抛出了新问题。

“我要去会一会他们社长。”董明珠摆出志在必得的姿态。

很快，董明珠就飞抵日本，拜会了日本大金的社长。该社长对于董明珠的厉害之处也有所耳闻，马上就命人做好安排工作，没有半点马虎。

“我们还是谈合作的事吧！”社长发现董明珠来了两天却什么都不谈，开始有些着急了。

“这次来没有别的目的，就是见见社长。”董明珠还是不谈，同时近距离观察社长，发现他的思路特别清晰，讲究务实精神，而并非一个强势的莽夫。这时，董明珠心里有底了。

“我们出技术，你们出资金，可是有资金却难买技术，所以我们要控股。”谈判桌上，社长开始发威。

“我这次来，必须格力电器控股。”董明珠拍案而起，“你都打到我中国家门口了，最后我还不控股，你告诉我怎么办？到日本我还能不控股，可是到中国必须我控股，否则这件事情不好办。还有，我们很多东西要政府来支持，你跟政府能谈得通吗？只有我去，才能谈得通。”董明珠金口一开，凌言厉语像机关枪一样，扫射过来。

“这……”社长一时无法招架，语塞无言。

“我们可以不控股，但技术转让费你们要付。我们一合作，你们中国人就把技术学过去了，不给技术转让费，是不行的。”社长虽在控股方面做出让步，但还是想收点技术费。

“你们国家有这个条款，一定要有技术转让费，可以。但是，你转让我也可以转让。就拿你的一拖多技术为例，你现在不给我，我一样生产。现在，你在中国华东地区一年销售40个亿，我可以打到你变成3亿，你相信不相信？你的生产技术不提供给我，我就帮助你的竞争对手来跟你打。我一年用几十万台的压缩机，你不提供给我，我就用别人的，你提供不提供？”董明珠越说越激动，说完又狠狠拍了拍办公桌，结果把社长的办公桌给拍坏了。

社长早就听说董明珠的厉害，现在终于领教了，要知道董明珠是个营销高手，她已在国内打败春兰空调，她要想打跑大金公司也不是不可能的事。

“好了，就按你们说的办。”在谈判中，董明珠完胜日本大金公司社长。

董明珠在谈判桌上获得了胜利，别人谈不好的那两个条件，她全部反驳回来了。

2009年2月18日，“空调一哥”格力电器与“变频之父”日本大金宣布全方位战略合作。当时，格力电器出资6772万美元设立两家合资公司：珠海格力大金精密模具公司和珠海格力大金机电设备公司。格力在两家企业中均持股51%，获得控股地位。

在以往的合作中，都是日本家电企业说了算，中国企业毫无争取的机会，这一次因为董明珠亲自出马，“威吓社长”，让格力电器一举打破了中资企业“一合资就失控”的局面。

董明珠说：“在这件事情上，我核心的要求就是控股。我控股的目的不是说我要赚更多的钱，我就是要掌握控制权而已。但是在利益上，这个合资公司一年赚6000万、7000万的，该给别人就给别人，我觉得这个道理要讲。我是个原则非常坚定的人，我从不被别人左右。”

董明珠之所以要争取控股权，那是她要牢牢掌握格力电器的命运，真正主宰和左右自己的命运，因为她的命运早就与格力电器捆绑在一起，格力就是她的符号、就是她的另一半。如果一个中国企业堕落到要把企业的命运交给外国人去打理，那么它还有什么资格去领导中国空调业呢？

出任格力集团董事长

时光荏苒，不知不觉间董明珠南下打工，来到格力电器工作，已经有22年的光阴了。这22年的光阴足以让婴儿变成青年，也足以让一个代工小厂变成行业领导者。

20多年来，董明珠通过自己的实力，一步步从基层业务员走向领导岗位。从那个不知空调为何物、稚嫩憨厚的业务员，最终华丽蜕变为掌舵格力集团、成熟睿智的董事长。同时，格力电器也进入了董明珠时代。

2012年5月25日，格力电器召开股东大会选举并产生了公司新一届董事。格力电器总裁董明珠正式被任命为格力集团董事长，同时出任格力电器董事长、总裁。

有一次，董明珠一个人去台湾出差，在过安检的时候，有一位安检员一直偷偷观察她。董明珠以为是自己的行李有问题，难免有些紧张。

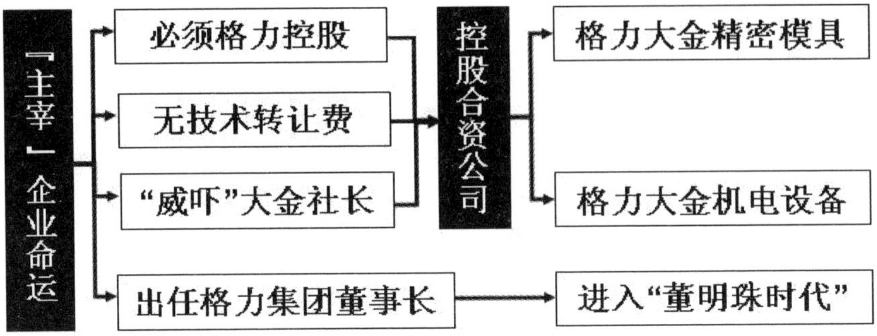

董明珠要主宰企业命运

“你是董明珠吧？”安检员笑着对她说。

“是的，格力的董明珠。”董明珠自豪地说。

“我家用的也是格力空调，在家里我一看见空调就联想到了你；现在我一看见你，就想到了家里的空调！”安检员笑得合不拢嘴。

每当听到别人把格力与自己联系起来，董明珠就感到莫名的自豪，感到一种被尊重的快乐。董明珠说：“人们把格力和我董明珠联系在一起，这种尊重能用钱买得来吗？买不来。”

前任领导、格力电器董事长朱江洪在67岁的时候退了下来，董明珠今后也要面对这个问题。董明珠说：“如果退休，我也不会和格力分开。因为它已经成为我的符号。到我白发苍苍时，我依然会跟格力站在一起。我会一直关注着格力走向美好强大的未来。”

第2章

技术创新：没有创新的企业是没有灵魂的

一个没有创新的企业是一个没有灵魂的企业，

一个没有核心技术的企业是没有脊梁的企业，

一个没有脊梁的人永远站不起来。

——董明珠

从组装工厂到“空调一哥”

红日喷薄、金光万道，那滚滚的长江上波光潋滟，山城重庆便从沉醉中醒来，雾气消散，面纱褪去，露出了国际大都市的锦绣真容。重庆是长江上游地区的经济中心、金融中心，很多知名企业都在这里安营扎寨。2001年，格力电器在重庆高新区二郎科技新城成立了重庆分公司，并很快发展成为西部最大的专业化空调生产基地。

研发一拖多空调

就在格力电器重庆公司成立那年，正好重庆一家大型外资企业举行公开招标活动。采购单位想向中国供应商购买“一拖四中央空调”。“一拖四中央空调”，其实就是一拖多空调。传统空调都是一个室内机连着一个室外机，而一拖多空调是多个室内机连着一个室外机。

可不要小看这个技术，当时在国内还没有哪一家企业具备生产一拖多空调的技术和能力。格力电器为了中标，不甘落后，开始寻找国外厂商合作。

当时，格力电器听说，日本的大金公司已研发出多联式商用空调系统，该系统采用一拖多的形式，能集中控制丰富多样的室内机。于是，董明珠、朱江洪马上奔赴日本，找到大金公司高层洽谈，希望能够购买一拖多空调的相关技术。

“不行，我们自己花了16年才辛辛苦苦研制出来的变频多联空调技术，属于国际上最尖端的空调核心技术，我们绝对不会转让给格力，也不会转让给任何一家中国企业。”大金公司的领导自鸣得意地说。

“你们不转让给我们，我们自有办法。”董明珠做出了回应。

日本之行，虽然无功而返，但是董明珠他们仅靠一本从日本带回来的产品说明书，卧薪尝胆、朝夕必争，大胆进行变频多联技术的攻关。一切从零开始，在研发最困难的阶段，董明珠多次身穿工服来到研发部门给员工们鼓劲。董明珠说：“科技创新是中国制造的未来，否则超越日本制造只是一个梦想。”

当时，格力电器调集了所有的精兵良将、研发骨干，不停地研读日本一拖多空调的产品说明书，不断尝试新材料、新组合、新功能，不断淬炼元件、调试样机。一时间，灯火通明的车间里火花四射、机器轰鸣、人员奔忙，格力电器的研发最终获得了突飞猛进的发展。

通过一年365天的打拼，格力电器自主研发的一拖四空调横空出世。外媒曾经这样评价格力电器：“日本用10年走的路，格力电器用1年就走完了。”

在攻克了变频多联空调技术后，格力电器的研发人员再接再厉，从一拖四空调，发展到一拖六空调、一拖八空调，目前为止已经发展到一拖两百多的中央空调。通过艰苦的自主研发和大手笔投资，格力在一拖多中央空调领域已经占据了市场主导地位。

听说格力电器通过一年的时间研发出了多种一拖多空调，日本大金公司高层都很震惊，很后悔没有早点将技术卖给格力电器，搞得现在连技术转让费也没得赚了。

自主创新体系

格力电器之所以能在短时间内赶超由日本垄断的空调技术，不是靠什么个人天赋和突发灵感，而是靠一套强效的自主创新体系，这个体系对人才培养、对产品标准都做出了明确要求。

董明珠说："格力电器自主创新体系最大的特点，就是把公司的普通员工培养成技术工人。在格力电器，人才有三个体系，一个是管理体系，一个是技术研发体系，还有一个就是技术工人的培养和发展体系。"

在格力做研发不靠论资排辈，不靠名校学历，全靠研发出来的产品论英雄。普通技术型员工既可以发展成为助理技师、技师，最高可以做到副总工程师、总工程师这样的级别，也可以在某一领域的工艺技术上成为专家。

为了员工的长远职业发展，格力电器还投入巨资筹办格力职业学院，自主培养人才，活学活用。董明珠说："我们一直坚持自主培养人才，这比引进人才重要得多。我的愿望是将每个人都培养成技术人才，留在格力有用武之地；即使离开格力，也能掌握一技之长。这对于人的一生都是有益的。"

格力电器对于员工的成长不设限，对于产品的研发标准也不设限。

董明珠说："我们的研发不是简单地按照国家的标准、国际的标准，我们想要超越标准，专业化是没有止境的。格力要做的是两点：首先是品质的保证，其次是技术的创新。我们开发出的产品，不应只是满足现有的需求，而是要争取创造出新的需求。"

激励员工无限成长、专业化研发永无止境，这就是格力电器创新体系所要达到的目标。具有制冷、制热、除湿等多种功能的格力一拖多空调，就是在这样的自主创新体系下孵化出来的。

通过自主研发、创造新的需求后，格力电器迅速拉开了与其他竞争对手的距离。董明珠坦陈："我把销售做到极致，才深刻体会到产品是营销之本。没有好的产品，再好的营销也没法持久。1996年，格力空调在全国销量已是第一，但和第二名、第三名的差距没有拉开，到2010年之后，格力与第二名的差距是上百个亿，拉开差距的真正原因不是营销，而是格力的技术，格力的质量，格力对消费者满意度的追求。"

由于格力坚持自主研发，实现了多项技术突破，其研发出来的本土化产品更适合在中国地区销售。于是，日本企业的态度发生了180度的变化，开始学会尊重别人，积极谋求与格力电器合作。

多年过去了，当格力董事长董明珠再次率队去日本大金公司和三菱公司考察时，这两家企业都极为重视，派出多名高层人员全程陪同。

董明珠认真参观了日本大金公司、三菱公司的生产车间和研究室，试图寻找出格力电器和他们之间存在的差距。结果发现，格力电器无论从规模、销量，还是从专利数量上都大大超过了这些公司。

要知道，1998年格力电器三期工程建设完毕，2001年重庆公司投入建设，巴西生产基地也投入生产，格力电器发挥出了强效的规模效益。2001~2005年，格力电器提出了"争创世界第一"的发展目标，成功引入六西格玛管理方法，推行卓越绩效管理模式。仅在2005年，格

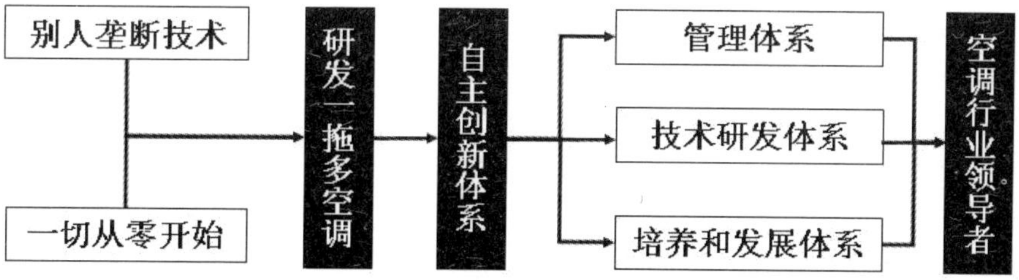

董明珠打造"自主创新体系"

力电器的家用空调销量就突破1000万套，实现销售世界第一的目标，成为全球家用空调“单打冠军”。

在技术研发投入上，格力电器更是狠下血本。仅在2011年，格力电器就在技术研发上投入了30多亿元。现在格力电器拥有专利超过6000项，其中发明专利1300多项，是中国空调行业中拥有专利技术最多的企业，也是唯一不受制于外国技术的企业。

“三十年河东，三十年河西”，原先由日本企业垄断的世界领先空调技术，已经悄然转移到格力电器的手中。在众多空调品牌中，格力电器已经超越日本大金公司成为“世界空调一哥”。

有一次，董明珠在武汉召集格力高层召开会议。到了晚上，日本三菱公司本部家电负责人竟然追着董明珠到了武汉，希望促进双方的合作。第二天，谈判就在董明珠的早餐桌上仓促进行，而董明珠只给了三菱高层领导不到一个小时的时间。在谈条件的时候，日本人很快就同意了董明珠提出的要求。

10年前，董明珠漂洋过海，追着日本企业买技术，却遭到人家的无情拒绝；从此格力电器自强不息，通过自主技术创新，最终出现了大变天，日本企业反过来漂洋过海追着董明珠谈合作。

20年前，格力电器还是个代工小厂，2001年格力电器海外购买技术受挫后，开始自主研发，10年后就跃升为“世界空调一哥”、行业领导者，让竞争对手拜服。这说明依靠购买技术的企业是长不大的，永远是别人的小跟班。企业唯有加大投入，完善创新体系，大胆进行自主研发，才能笑傲江湖、扬威海外。

变频技术荣获“国家科学技术进步奖”

浪漫情人节来袭，北京城里从风景绝佳的北海公园、分外妖娆的景山，到巍峨雄壮的天安门广场、熙熙攘攘的地安门大街，随处可见十指紧扣的情侣。他们或是在湖边散步，或是互诉衷情，或是情意缠绵，甜蜜无比。而此时的格力人同样感到很甜蜜，不是因为节日，而是因为国家荣誉。

2012年2月14日，国家科学技术奖励大会在北京举行，由格力电器申报的“格力变频空调关键技术的研究和应用”（包括低频1赫兹转矩控制技术、功率因数校正技术、单芯片集成控制技术与自制变频压缩机技术）荣获国家科学技术进步奖。

获得国家荣誉

国家科学技术进步奖是国家科学技术奖中级别最高的奖项。格力变频空调技术在成千上万个国内科技成果项目中脱颖而出，成为自该奖项设立20多年来唯一一家获得该奖项的空调企业，由此实现了家用空调技术在国家科学技术进步奖历史上零的突破。

这是至高无上的国家荣誉，成千上万的格力人凭着艰苦卓绝的技术创新，最终获此殊荣。消息从北京传来，整个格力电器都沸腾了，并迅速在每个格力人之间传递。

格力电器凭什么摘取国家科学技术进步奖呢？这一切要从空调的发展史说起。

空调这种使居住和办公空间变得更加舒适的机器，是由美国人威利斯·开利发明出来的。

1902年，威利斯·开利在美国水牛城锻造公司研发部工作，担任采暖工程师。有一天，大雾弥漫，他在等火车的时候，发现火车喷出的炽热的水蒸气碰到冷的东西很快就凝结成为露珠，使物体变得潮湿冰冷起来。这时，他突发奇想，如果能发明一个设备，把空气温度、湿度和露点温度控制起来，那该多好呀。

于是，威利斯·开利发明并改良了空气调节装置，他使用盘管不断地循环所在房间的空气，使空气通过冷水盘管后被冷却，或使空气通过热水盘管后被加热，由此来保持房间温度的恒定。1906年，威利斯·开利获得此项发明专利，并被后人称为“空调之父”。

随后，在上百年的发展历史中，美国和日本两国一直互相赶超并垄断了大部分空调的核心技术。2001年，格力进行自主技术研发，其中，变频空调技术是格力重点研发的方向。变频空调技术，简而言之就是利用变频器改变空调的电源频率，以达到节能降噪等效果。

格力空调在研发变频技术时，遇到三大世界性难题：一是变频空调频率变化范围窄，低频低不下去，节能效果不能充分发挥；二是谐波大，功率因数普遍偏低，电网输出的电能不能充分利用；三是压缩机低频运行时的噪声和振动。美国很多空调企业研发出来的大部分变频空调只能将低频频率控制在10~30赫兹。即使是变频技术较为领先的日本企业，最低频率也只能做到8赫兹。

在困难面前，格力电器越战越勇，攻克了一个又一个技术难关。

2006年，格力电器实现了对无传感器直流永磁电机的矢量控制，研发出正弦波直流变频技术。2009年，格力电器将变频空调的关键技术——低频控制技术做到15赫兹。

2010年，格力电器再次整合了各项变频控制及压缩机技术，将运转频率从15赫兹降低至6赫兹，继而再降低至1赫兹，并且实现空调压缩机在1赫兹低频条件下稳定运行，使室内温度恒定舒适。格力变频空调与国际最先进的产品相比，更加节能，更能降噪，该项目共获得11项国家授权发明专利，1项公开国际发明专利。

这是格力变频关键技术的历史性突破，不仅超越了国内同行水平，也超越了国际同行水平，同时震惊了日本、美国的老牌空调企业。美国制冷专家惊呼："中国正在影响世界，中国的格力电器正在影响世界的制冷界。"就连"变频之父"日本大金公司也不得不佩服格力电器的研发能力。

节能减排功臣

在变频关键技术研发成功后，格力电器马上申报"国家科学技术进步奖"，并被纳入国家火炬计划。历经两年角逐，格力变频技术以优良的节能减排指标摘取桂冠。

依据国家检测报告显示，相比传统空调，格力1赫兹变频技术空调每台每年节电约440度，每年节约电费264元（电费按0.6元每度计算）。如果国内销售的空调全部为1赫兹变频空调，按2011年国内销6161.85万台计算，每年可实现节电约271.1亿度，相当于减少二氧化碳排放2704万吨。

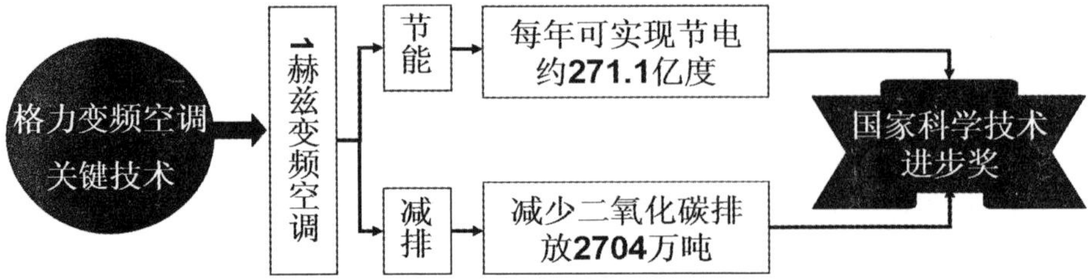

格力荣获“国家科学技术进步奖”

为了把“格力1赫兹变频空调”迅速推向市场，格力电器趁热打铁，在获得“国家科学技术进步奖”的第二天，即2012年2月16日，就在珠海召开了新闻发布会，并打出了“格力荣获国家科学技术进步奖暨变频空调两年包换政策新闻发布会”的横幅。

面对各路记者的“长枪短炮”，董明珠高兴地说：“两年免费包换政策的提出，是格力对自身品牌和产品质量的高度自信，格力长期以来注重创新和不断掌握核心科技是这份自信的保证。”

在新闻发布会上，格力电器表示，从2012年1月1日起，凡购买格力i系列、U系列、睡梦宝-Ⅱ六大系列变频空调，因产品本身任何质量问题，都可以在两年内免费更换。这一举动让变频空调以惊涛拍岸之势冲击市场。

10年自主创新，10年春华秋实，10年敬业报国，格力变频空调关键技术最终获得重大突破，使格力电器实现了从后来者到领导者的飞跃。有人说，格力的1赫兹变频空调技术完全可以与袁隆平先生的“杂交水稻”技术相媲美，都是中国科技创新的骄傲。目前，日本三洋、美国江森自控、美国开利、意大利德龙等国际知名品牌空调纷纷使用格力的变频技术。

光伏中央空调，不用电的

3月，和煦的阳光划破重重阴霾，赐予大地无穷无尽的温暖和希望。一时间，万物竞长，柳绿花红，硅板耀眼，万象更新，呈现出生机勃勃的景象。

有阳光的地方，就有光伏产业。中国的太阳能光伏产业产能、产量均居世界第一，然而，有90%以上的产品依靠出口，在国内应用型产品少之又少，这使得国外一有风吹草动，整个产业就骤现寒冬、朝不保夕。这时，格力电器董明珠“出牌”了，她强势推出不用电的光伏空调，力挺中国太阳能光伏产业，该产品让世人再次为之震惊。

亲自做广告代言

2014年3月，格力电器董事长董明珠和万达集团董事长王健林在央视“联袂出镜”，为格力光伏空调代言。

“听说中央空调不用电？”在广告片中王健林发出疑问。

“是的。用太阳能！”董明珠自信不疑地回答。

“那我每年可以节约电费10亿！”王健林喜上眉梢。

“格力光伏直驱变频离心机，全球原创，不用电费！”董明珠最终点破了光伏空调的核心产品。

众所周知，空调的耗电量相当大，据相关统计数据显示，目前中国建筑能耗总量占到全社会能源总消费量的27.45%，而在建筑能耗中，中央空调和采暖的能耗大约占到65%。作为空调界的行业领导者，格力电器开始向这个难题挑战，实施全员创新、群策群力，加快研发出不用电的家用中央空调。

空调不用电是忽悠人，还是惠民工程？一切全靠技术创新。董明珠说："这是一个创举，格力电器一直把创新作为一件很大的事来做，创新最重要的是执行力、贯彻力，我们要把这种创新落实在行动中。"

功夫不负有心人。2011年，格力电器研制出世界首台永磁同步变频离心机组，其IPLV（综合能效系数）达到11.2，一年之后，格力人又将该系统提升至11.68。要知道，空调能效系数越大，说明该空调在制冷量相等时节省的电能就越多。

在此基础上，格力人创新无止境，最终将空调变频技术和太阳能光伏技术完美地结合起来。通过无数次的试制，格力电器的科研人员将永磁同步变频离心机组与光伏发电技术结合在一起。2013年12月，格力电器终于成功研发出全球首个"光伏直驱变频离心机系统"，即俗称的"光伏中央空调"，让中央空调不用电的梦想变成了现实，从此空调进入了"零电费时代"。

如今，在格力商城开卖的"光伏直驱变频多联机家用中央空调"就是采用光伏发电的空调，让用户真正实现零电费、零浪费、零担心，适用房屋面积从100平方米到1400平方米不等。

这种光伏空调如何做到不用电呢？原来，它有5种工作模式，其中有3种工作模式（即第2种、第3种、第4种）是不用电的。

第1种纯空调工作模式，需用电。当光伏发电系统不工作时，空调主机向公共电网取电运行。此时的光伏空调与一般的空调无异。

第2种纯光伏发电工作模式，不需用电。当空调主机不工作时，光伏发电系统所发电能全部向电网送电运行。此时系统相当于一个光伏电站。

第3种光伏空调工作模式，不需用电。当光伏发电功率等于空调主机耗电功率时，光伏发电系统所发电能刚好全部用于空调主机运行。此时系统电能完全自发自用，对外零电耗。

第4种光伏空调及系统发电工作模式，不需用电。当光伏发电功率大于空调主机耗电功率时，光伏发电系统所发电能优先满足空调主机运行，多余的电能向公共电网发电。

第5种光伏空调及系统用电工作模式，需用电。当光伏发电功率小于空调主机耗电功率时，光伏发电系统所发电能不足以满足空调主机运行，需要从公共电网补充部分电能。

格力光伏空调通过智能化管理系统，依据光伏发电系统及多联机运行的实际情况，实现五种工作模式的自动转换，将“省电、不用电”进行到底。

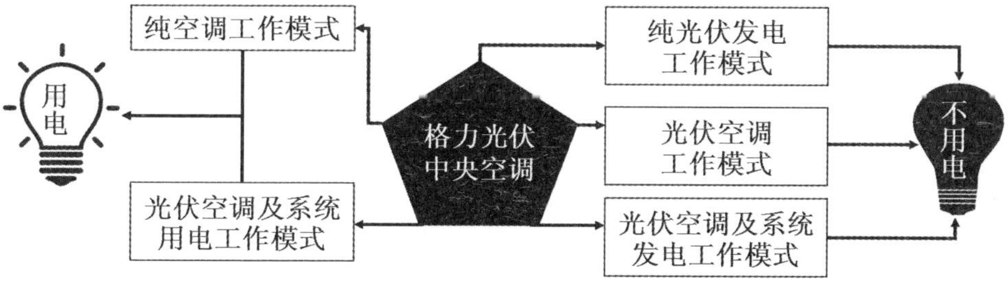

“不用电的”格力光伏中央空调有5种工作模式

不用电的光伏中央空调，由于具有低消耗、一次性投资长期受用等特点，可以有效助推使用该产品的企业持续发展，同时也奠定了格力的百年基业。董明珠说：“我一年要拿几十亿的投入用来做研发，这些研发可以支撑格力100年的持续发展。”

因为感动，所以代言

格力电器研发出这样好的产品，还需要一个好的宣传形式。由于此前万达和格力有过战略合作，所以这一次董明珠又想到了王健林。房地产首富王健林怎么会给格力做代言呢？董明珠说，那是因为王健林感动，所以代言。

“王董，我想请你帮我一个忙。”董明珠拨通了王健林的电话。

“什么事？”王健林很惊讶，因为强势的董明珠很少求别人。

“我们的光伏空调想做一个广告，你能不能跟我一起拍一条广告？”董明珠直截了当地说出了心中所想。

“没问题！”王健林心想，自己与董明珠合拍广告一定很有意思。

“我给你一点代言费！”董明珠特别注重双赢。

“我绝对不要钱的，因为我从来没做过广告！”王健林朗声笑起来。

董明珠和王健林一拍即合，虽然两人的工作都很忙，但是他们还是提供了个人图片和录音，最终合成了广告。当两人合作的广告片在央视黄金时段轮番播出时，“全国观众都惊呆了”。

后来，王健林说：“格力作为制造业的一个代表，这样追求完美是让我很感动的，还有他们的技术对我来讲很是震撼，因为我一年实际上的电费要节省50个亿，而不是10个亿。”

要知道，大连万达集团拥有商业地产、高级酒店、文化旅游、连锁百货四大核心产业，截至2014年，已开业的有85座万达广场、51家五星级酒店和超五星级酒店，还拥有1247块电影屏幕、75家百货店、81

家量贩KTV。这些建筑的能耗量庞大，如果全部采用不用电的光伏中央空调，每年完全可以省下几十亿的电费。

在做广告的时候，董明珠考虑到光伏空调的5种工作模式尚有2种模式需要用电，所以她没有哗众取宠，对广告中所省下的电费进行了压缩。董明珠说：“10亿电费是我们把它压缩了，因为你做广告要讲诚信，当然我说省下100亿可能大家更震撼，但是我们不应该拿编造的东西去欺骗消费者。”

董明珠亲自为自己公司产品做代言广告可谓是一举多得：一是将强化自己和格力的符号效应。格力就是董明珠的符号，董明珠就是格力的代言人。二是不断扩大和巩固与商业伙伴的战略合作关系。董明珠通过与王健林合拍广告，为后面的更大战略合作，让格力电器向万达集团输出更多家电产品，打下了良好基础。三是省下不少广告费。以前由功夫巨星成龙代言格力空调，现在由董明珠亲自代言，自然可以节省广告费。

成龙在2010年2月开始为格力空调做代言，当时宣传的口号是“好空调，格力造”。随着董明珠出任格力集团董事长，她的知名度越来越高，越来越有影响力，“全球最具影响力的商业女强人”“中国最佳CEO”“中国经济年度人物”“石川馨—狩野奖”“福布斯亚洲商界权势女性”等奖项接踵而至。董明珠发现自己不再需要请娱乐明星代言，因为自己已经是商业明星了，商业明星做产品广告，更直接、更值得信赖。

此外，董明珠主抓营销和财务，历来十分重视开源节流、控制企业成本。董明珠认为，自己为格力的产品代言可以节约一部分成本，过去动辄花上千万请一个明星代言，那简直是一种浪费。

从“中国制造”到“中国创造”的跨越

中东位于“三洲五海”之地，联系着亚、欧、非三大洲，沟通大西洋和印度洋，自古以来就是东西方交通枢纽、兵家必争之地，人们为了争夺宝贵的淡水资源和石油资源，战祸不断。有一年，为了卖格力空调，董明珠来到了这个神秘的地方。

中东经销商的馊主意

从地中海东部到波斯湾，董明珠发现，中东经销商对于“中国制造”印象并不好，认为那是低价劣质产品的同义词。有一次，一位戴着红色头巾、披着白色长袍的经销商半开玩笑地对董明珠说：“如果格力空调能贴上当地制造或泰国制造的铭牌，我想市场销量一定会大幅增长的。”

“哪怕一台格力空调都卖不出去，我也不会打上泰国制造的牌子，我就不信格力不能改变‘中国制造’的品牌形象。”董明珠一听，马上怒火中烧，她坚决不相信来自泱泱大国的格力品牌，居然打不过当地品牌或者泰国品牌。

中东经销商的馊主意对董明珠的刺激很大。后来，董明珠决心通过自主创新、不断提升产品质量，做大做强格力品牌，死死坚守“中国制造”这四个字。几年后，格力空调源源不断地输向中东，将当地品牌和泰国品牌打得落花流水，那个中东经销商最终还是接受了格力品牌、接受了“中国制造”。

董明珠说：“出口转型比转移更重要，出口转型更注重质量和品牌，而转移更注重转嫁成本。格力电器这么多年发展，我们坚持转型升级，结果出口量还保持在平稳状态，没有大起大落，在平稳过程当中，格力实现了华丽转变，从过去贴牌到有自己的品牌。现在，我们在中东沙特占有接近50%的市场份额，市场上基本上都是格力产品，它们在当地非常受欢迎。”

格力产品凭什么实现从“中国制造”到“中国创造”的跨越？关键在于建立和完善了产品质量管理体系。该质量体系由朱江洪一手创立，并由董明珠加以完善和巩固。

1994年，朱江洪来到了欧洲文化的摇篮意大利考察市场，想了解格力空调的海外销售情况。这时，有一位意大利经销商在几杯葡萄酒下肚后，涨红着脸抱怨说：“格力空调的噪音太大，我要退货。”

“哪台机有噪音？你带我去看看。”朱江洪认为事关重大，决定亲自去诊断一番。

很快，经销商把朱江洪带到“涉事”空调面前。朱江洪仔细观察了一番，然后找来螺丝刀当众打开了空调外挂。

原来，罪魁祸首是一块没有粘紧的海绵搭在了风叶上，机子开动后风叶刮打海绵，所以发出哗哗作响的声音。朱江洪知道，这是由于工人操作不严谨而引发的质量事件，严重影响了格力电器的国际声誉。

朱江洪回国后狠抓产品质量问题，通过制度管人，通过提高人的素质来提高产品质量。于是，格力电器提出了“出精品、创名牌、上规模、创世界一流水平”的质量方针，实施了“精品战略”，建立和完善了质量管理体系，还出台了“总经理十二条禁令”，推行“零缺陷工程”。

总裁“禁令”

后来，在执行过程中董明珠将格力“总经理十二条禁令”丰富发展为格力“总裁十四条禁令”。

部分“禁令”规定如下：严禁擅自减少工序、改变工艺、改变技术参数和工艺参数；严禁未经检验或经检验不合格的零部件转入下道工序；严禁擅自改变调整专用工具、检测仪器；严禁擅自更改成品包装箱；严禁安排未经培训或培训不合格人员直接上岗；严禁安排关键重点岗位无证上岗；严禁撕毁、伪造标识，伪造或擅改记录，伪造签名；严禁虚报、瞒报、弄虚作假；严禁违反海绵粘贴工艺；严禁违反制冷系统防尘、防水操作规范；严禁违反控制器防静电工艺……

就在“禁令”执行不久，有一位曾经被评为先进个人的员工，一不小心违反了“严禁违反制冷系统防尘、防水操作规范”的禁令，被质检人员现场发现。格力电器为了杀一儆百，决定严肃处理。当时，尽管整个班组的同事一再为他求情，但是格力电器还是没有让他继续留下。在离开格力那天，同事们纷纷来给他送行，那位员工泪眼模糊、几度哽咽，但是并不能改变公司的决定。

在格力永远都是“功不抵过”，违反这些质量禁令的人员，轻则降低一级工资，重则辞退、送司法机关处理。至此，格力人开始做好自己，以打造完美质量。

朱江洪说：“我决不允许格力电器任何一个人拿消费者做试验品，

我对格力空调的品质要求是100%放心。很多时候，我必须亲自看一看才放心，要不然睡不着觉。”

后来，格力电器又推行ISO9000、ISO9001质量管理体系、环境管理体系和职业健康安全管理体系，并成立了企业管理部、筛选分厂、质量控制部，对产品质量进行层层控制，从而保证每家供应商都要严格考核，每个零配件都要精挑细选，每一道工序都要千锤百炼，每一个产品都要做到“零缺陷”！

朱江洪主内管理质量，董明珠主外负责营销，同时兼顾检验质量。每次董明珠出差，在办好公务后，就一个人跑当地市场，亲近经销商、亲近消费者、亲近一线，发现新的产品、新的技术参数马上加以借鉴，发现问题的苗头及时处理。每当董明珠出差回来，格力的研究团队都会提心吊胆。因为每次她出差回来，都会“全盘否定现在成果”，对研究人员提出更高的要求。

有一次，董明珠从德国出差回来，带回一袋东西，格力的研发人员十分紧张，以为袋里子装的是格力空调的零部件。

只见董明珠打开袋子，却摆出几个熠熠生辉的德国锅具，然后说：“你们看看，德国制造的东西就是好。你们能不能也生产出这样高品质低成本的东西来？”

格力的研发人员如释重负，纷纷聚拢过来，开始研究德国锅具的制造工艺，不禁为完全静音的德国厨电所折服。后来，格力电器开始不断挑战静音极限，将空调室内机和室外机噪音全部降到业界最低水平。董明珠说：“用中国劳动力的廉价来支撑企业的发展本身就是不可取的。一个好的企业应该依靠自己的技术。那什么是好的技术呢？第一就是做好环境保护，第二是控制好消费成本。”

2009年3月7日，时任国家主席胡锦涛在接见全国人大广东代表团时，曾幽默地对董明珠说："上次我到非洲访问，当地人说，格力空调什么都好，就是有一条不好——噪音太小了，下班的时候老是忘了关空调！"

董明珠高兴地说："现在室内机格力做到了18分贝，几乎没有任何噪音，但我们并不满足。我们现在要做的是减少室外机的噪音，把它做到30分贝以下。这对整个环境而言，它都是健康的。这是领军品牌的责任所在。"

中东的经销商怂恿董明珠换标，将中国制造换成当地制造或者泰国制造，显出逐利本性。董明珠坚决不那样做。中国制造虽然大行天下，但是没有多少强大的品牌，这种改变就要从格力电器做起，即使前期吃点亏也是值得的。

董明珠说："确实有一部分中国制造企业不争气，为了打入市场用价格竞争，低价要不就是亏本、要不就是偷工减料，大部分人选择的

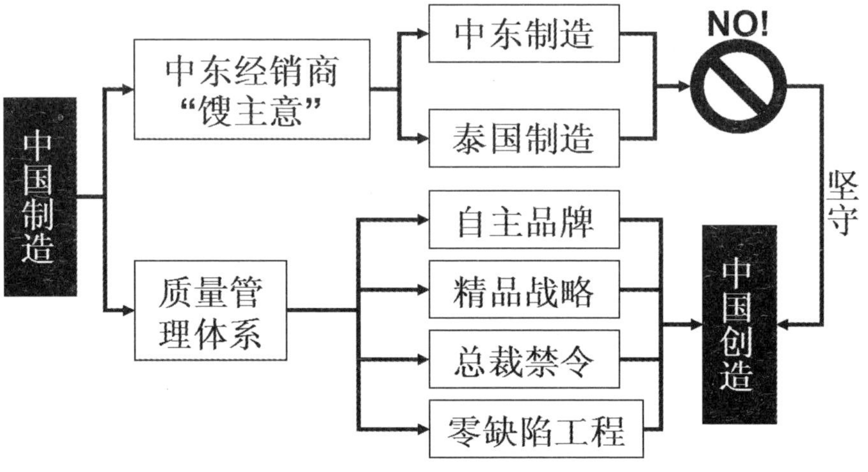

格力从"中国制造"到"中国创造"的跨越

是偷工减料，不选择亏本，自然而然名声就不好听了。即使打价格战也要保证质量，用质量赢得别人的尊重，未来市场越来越大，在这方面还是要坚守自己的风格的。”

由于格力电器坚持坚守中国制造、坚守格力品牌，坚持打造完美质量，坚持通过技术创造新需求，从而实现了从“中国制造”到“中国创造”的跨越。

坚持创新+掌握核心技术，成就格力

当秋日第一缕阳光光顾珠海格力总部时，那巨大的玻璃幕墙上映照着湛蓝晴空、云卷云舒、斑驳树影。面对国际市场的波诡云谲、产品快速更新换代、行业周期盛极而衰，格力靠什么取胜？靠不断创新，掌握核心技术，追求产品的最高境界！

2010年9月，格力高端产品全能王空调进入投入生产前的最终评审阶段，格力的科研人员通过一年的艰苦奋斗，终于拿出了样机。这个样机集中了整个格力集团已掌握的所有先进技术，科研人员以为从此可以“一劳永逸地坐收利润了”。

研发全能王空调

紧张的评审会开始了，董明珠一看到这个全能王空调的室内机前面有一条0.8毫米的工艺缝隙，马上发起飙来：“这条缝隙还是有点偏大！这样的产品怎么能通过审核呢？还想大量生产吗？”

在座的研发人员一时间汗水涔涔，既感到委屈，又紧张惶恐起来。当时，主管格力全能王研究的几个负责人都是格力的技术攻关功臣，他们曾经成功研发多种成熟产品，研发经验相当丰富。现在，他们花了一年的时间呕心沥血才研发出来的样机，没想到在几秒钟之内就被董明珠给否决了。

“在空调行业里，室内机的工艺缝隙，最高水平也就1.1毫米，我们已经比它好了0.3毫米，做到了0.8毫米。但是，我们是行业的领导者，所以要求更高，那就是要做到没有缝隙！”董明珠向科研人员提出了更高的要求。

科研人员知道，没有缝隙意味着这个缝隙必须在0.3毫米以下，缝隙要比普通的照片纸还要薄。如果将空调的工艺缝隙从0.8毫米降到了0.3毫米，意味着格力的制造工艺水平需要全面升级，传统的思路和做法已经不再适用。

军令如山，科研人员马上重新进行产品设计，材料要重新遴选，零配件的性能要提高到最大限度，加工的精度、流程的控制、检测试验等工序要更加严格，连原有的模具、压缩机都要进行适应性改良，正所谓“牵一发而动全身”。

在研发过程中，董明珠也十分关心研发的进度，并多次给研发人员打气鼓劲，她说：“当我们成为一个行业的领导者，我们已经没有什么参照，过去我们打造的是好的空调，今天我们要创造完美的空调！”

数月之后，当科技人员把0.3毫米缝隙的样机做出来时，他们简直不敢相信自己的眼睛，他们居然能做出这样好的产品，这个样机光滑靓丽，里面的品质控制已达到国际领先水平。当科研人员“沾沾自喜”地把室内机的样机再次摆到评审会的桌面上时，董明珠还是不满意。

当时，董明珠扫了一眼这个新样机，发现第一印象不好，特别是中间的连杆设计有一种很粗笨的感觉。于是，董明珠指着挡风板中间那根支撑连杆说：“这根东西像什么？难道你们要把空调做得像推土机那样吗？这根杆必须拿掉。”

这时，科技人员差点气晕了，因为他们认为这个新样机已经很完美了，大家都很满意了，凭什么董明珠不满意。这时，董明珠说：“当你站在山顶的时候，头上还有星空。”要知道从山顶、头顶到星空的距离还很远，所以格力人需要不断进取。这时，格力的科研人员终于明白了，即使格力已经成为行业领导者，技术水平已经达到了制高点，但还要继续往上爬，因为他们距离“完美的产品”还太远。

“拿掉中间连杆，挡风板就无法正常运行，这在技术上是不可能的。”有的技术人员开始反对继续研发。

“飞机的机翼十几米长都能够在空中自由翱翔、升降自如，而我们的空调在一个固定的墙面上，这样一个1.5米的地方都不能实现，说明我们没有去认真地创新和研究。”董明珠狠狠地反驳技术人员的异议。

后来，格力的技术人员通过研究，从飞机的机翼装置中获得新的设计灵感。要想拿掉空调挡风板的中间连杆，就要解决挡风板的变形问题，意味着全能王机体的材质要全部升级为铝合金。就在科技人员即将获得成功时，又遇到一个棘手的问题，那就是铝合金挡风板上的水珠凝露问题。那是由于金属导热性而产生的水滴，如果不加以解决，那么室内机将成为喷水机。

“技术的创新是永无止境的，我们作为行业的领导者，如果我们不去突破就没有人去突破，在这个研发过程中没有对手，只有自己挑战自己。”董明珠再次激励研发团队，挑战自己，创造完美。

最后，格力全能王研发团队，发挥团队协作精神，背水一战，发誓不成功则成仁，通过3个月炼狱般的研发，采用新材料阻隔金属导热，有效阻止冷空气遇热发生液化现象，从而解决了出风口的凝露问题，用4个月的时间解决了出风口在极寒条件下的稳定性问题，用6个月的时间完成了格力全能王二代的研发工作。

研发成功后，董明珠欣慰地说：“我们不仅创造了几款完美的产品，还培养了一批追求完美的格力人。格力人已经清醒地认识到，我们要通过打造完美的产品来改变人们的生活。”

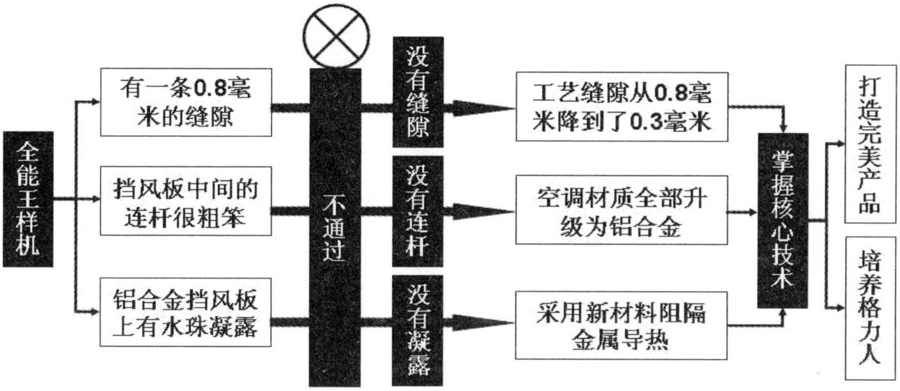

格力研发全能王空调

掌握核心技术

2012年，格力强势推出格力全能王系列空调，全能王-U尊二代产品、全能王-i尊二代产品闪亮登场，这些“全能王”空调融合了格力多项核心技术，对“全能”进行了淋漓尽致的诠释。

一能防尘。格力全能王空调产品采用无缝设计，能够有效防尘防污。

二能耐寒。该系列空调能实现低温零下30℃环境下制热。

三能耐热。该系列空调能在高温54℃环境下制冷。

四能室内恒温。全能王系列空调里面拥有无界送风系统，能有效解决同一空间、不同位置存在温差、忽冷忽热的现象。

五能140度扫风。全能王系列空调首创了无导风板出风口设计，左右扫风角度从普通空调的80度增至140度，扫风厚度高达1.2米。

六能超长距离送风。全能王系列空调的送风距离可达到8.5米的超长距离。

七能省电。格力全能王系列空调搭载1赫兹变频技术，稳定运行时实现最低功率仅15瓦的超节能状态，相当于一个节能灯泡的电量，更节能、更省电。

格力在很多产品的研发过程中，就像格力全能王的研究一样，不断进行自我否定、否定之否定，就像是一个“自虐”的过程。

曾经有一个外国访问团来珠海格力总部考察，发现在格力实验室里，12级大风、零下30度的低温和暴雪轮番上阵，不断折磨着这些新研发出来的空调。格力人要保证这些空调在大雪和暴雨折磨下依然能长时间正常运行，才放心把它们交给消费者使用。

董明珠说：“格力在这个行业里永远是领导者，可以被别人学习，但是不可以被超越，这话讲了可能有人认为你这个人这样霸道。不过，这本身就是信念的追求，只有拥有这样坚定的信念才能努力地工作，努力地创新，才可能实现你自己的承诺。”

2010年，国家科技部组建国家节能环保制冷设备工程技术研究中心落户格力，这是中国制冷业第一个也是唯一的国家级工程技术研究中心。董明珠说：“格力电器在创新方面，是让每一个人都有创新的意识。格力没有按百分比进行研发经费分配的概念，只要需要就投入。我们这么多年的培育和发展，创造了很多国际领先的核心技术。”

现在，格力已经有了制冷技术研究院、压缩电机研究院、家电研究院、自动化研究院、新能源研究院、健康产业研究院等6个研究院了，有6000多名开发技术人员在研究新技术。在2010年之后，格力人终于可以大胆地告诉别人：“格力掌握了核心技术。”

第3章

营销目标：

让全世界都信赖格力空调

我们要让全世界的人都信赖格力空调，就像人们信赖奔驰、宝马一样。

——董明珠

销售的核心就是诚信和共赢

“黄鹤楼中吹玉笛，江城五月落梅花。”当年李白到武汉市长江南岸的武昌蛇山之巅游览黄鹤楼，在这个号称“天下江山第一楼”上，他巧借笛声、假想漫天飘落的梅花来渲染自己去国怀乡的悲愁情绪。很多年之后，又有一个人在武汉悲愁起来——“销售女将”董明珠从珠海来到了江城武汉，看着那汤汤流淌的长江水，想着轮番恶战的经销商，心中不免泛起了愁闷的丝丝涟漪。

董明珠出任格力电器销售公司经理不久，1997年湖北省四大经销商为了争夺市场份额，开始相互拆台，引爆恶性价格战。有的经销商派出商业间谍窃取对手的营销策略，然后连夜加以反击；有的经销商运用公权力打压对手；有的经销商造谣中点燃公众情绪，试图“借刀杀人”；有的经销商标出空调的价格“没有最低，只有更低”。

打造“利益共同体”

正所谓“天上九头鸟，地下湖北佬”。有人说湖北人像九头鸟一样有九个头，所以他们特别狡猾；还有人说湖北人像九头鸟一样头太多了，它们各奔东西，经常互相斗殴，搞窝里斗。总之，格力电器在湖北开发的四大经销商，不到一年的时间就相互攻伐，打得不可开交，一时间家电行业“江山战栗”。

湖北的经销商开展恶性价格战，如果不加以制止，将迅速蔓延至全国，彻底摧毁格力电器的统一价格体系，最终导致格力电器乃至全行业的亏损，而吃亏的永远是消费者。为此，董明珠果断出击，前往武汉出差，以“刺探军情”。

经过一番调查，董明珠发现湖北四大经销商矛盾的核心就是利益分配不均，正所谓“不患寡而患不均”，所以他们天天在那里明争暗斗。随后，董明珠查阅了很多资料学习类似案例的处理技巧，发现了“利益共同体”这一理念，很显然共同利益有助于纷争不断的各方达成共识。于是，董明珠马上制订了一个满足四大经销商共同利益的解决方案。

具体的做法就是：在格力电器的牵头张罗下，由四大经销商共同出资，成立格力电器第一家销售公司——湖北盛兴格力电器销售有限公司，在家电业创新执行了股份制区域性销售公司模式。由于各大经销商都在格力湖北销售公司中拥有股份，而且该公司全面负责格力电器所有家用空调、商用空调、小家电等产品在湖北的销售推广、品牌服务。四大经销商完成了身份转变，既是销售者也是公司股东，不仅保证了经销商的销售收益还有额外的公司分红。就这样，四大经销商在无形之中组成了“利益共同体”。合资组建销售公司后，此前的那些矛盾和恶战，很快就消失得无影无踪了。

在第一家股份制区域性销售公司获得成功之后，董明珠迅速将这一成功模式推向全国。很快，格力电器就在黑龙江、吉林、辽宁、内蒙古、新疆、河北、宁夏、山西、山东、青海、甘肃、陕西、河南、安徽、江苏、西藏、四川、湖南、江西、浙江、贵州、云南、广西、广东、福建、海南等地建立了27家销售公司。通过这些销售公司，格力电器统一了产品的价格体系，也落实和贯彻了格力的经营核心，那就是诚信和共赢。

在价格上格力电器讲求诚信，不轻易进行价格战，在利益方面格力电器通过组建“利益共同体”销售公司，让厂商真正实现共赢，这就是格力的经营之道。董明珠说：“很多企业都在模仿格力，但他们没有掌握的核心就是诚信和共赢。”

董明珠销售的核心就是诚信和共赢

哥哥遭受“不公正待遇”

有一年夏天，正处于空调销售旺季，格力电器的空调十分紧俏，很多经销商都拿不到货。于是，有一个南京的经销商通过层层关系找到了董明珠的哥哥。

“老大哥，你帮我找董总多拿一百万的货，我可以给你百分之二的提成，即两万块钱。”经销商发出了赤裸裸的金钱诱惑。

当时，董明珠的哥哥很高兴，这个诱人的提成看来是那样唾手可得，只要自己一个电话说服妹妹给别人发货就行了。

“明珠，我明天想到珠海来！”狂喜之下，哥哥给董明珠打了电话。

“你从南京跑到珠海干什么？”董明珠不喜欢家里的亲戚贸然过来打扰自己。

“我要来拿货！”哥哥表明了来意。

“你又不是经销商，你来拿什么货啊？”董明珠警觉地问道。

“经销商有好处给我啊，说我帮拿一百万的货就给我两万块的提成。”哥哥一五一十地倒出了原委。

“你不要来，我知道怎么回事了！”董明珠果断地挂了电话，一猜就知道是南京哪个经销商在捣鼓这个事，因为前段时间那个经销商一直在追着董明珠希望多给他发货。

沉思片刻之后，董明珠拨通了那个南京经销商的电话，亲自求证：“是不是你通过我哥哥要货呢？”

“是啊，是啊，你可以考虑多发一点货，我们完全有能力消化。”经销商喜出望外，以为通过董明珠的哥哥求情奏效了。

“现在我正式通知你，停掉你们家的货！”董明珠冷若冰霜地说出这样一句话，让经销商心惊肉跳起来。

眼看着别的经销商不断地进格力电器的货，卖得风风火火，而自己却被董明珠无情地断货了。南京这个经销商想来想去想不明白，就跑去找董明珠的哥哥诉苦：“你这个妹妹是不是你亲妹妹啊，你的话她也不听。”

在这个经销商添油加醋地转述中，哥哥也觉得董明珠这个妹妹太不近人情，于是又打电话询问此事：“明珠呀，你是销售公司经理，手上有这个权力，又不让你去干违法的事，你就为我们家里做一点点事，让我们有一点点发财的机会，你为什么不给？！”

“我拥有权力的时候，是要为所有客户服务的，这个权力不是为你服务的。”董明珠坚决表明了立场。

董明珠回绝哥哥的请求，掐断这种“非正常发货渠道”，这其实是为了保护格力电器“先款后货”的政策和统一的价格体系，体现出了对所有经销商的诚信共赢与公平公正。如果这个口子一开，很可能一发不可收拾，该经销商可以优先拿货，甚至少花钱多拿货、囤货捂货、待价而沽，势必会对空调市场造成冲击，损害其他经销商的利益。

半个月后，那个托董明珠的哥哥拿货的经销商服软了，他写了一个保证书给董明珠，说以后绝不再找她哥哥拿货了，全部按正常流程来走。这时，董明珠才重新恢复对他们家的供货。

那一年，该经销商认真落实了格力电器“先款后货、适度从紧”的销售政策，加快资金周转，居然不可思议地做到了7000多万的销量。如果按照那个百分之二的提成约定，董明珠的哥哥当年就可以白白拿到一百多万元的提成。可是在董明珠的果断阻止下，董明珠的哥哥遭遇了“不公正待遇”，没有捞到任何好处。

在股份制区域性销售公司建立几年后，为了加强管理避免各地销售公司相互倾轧，2003年董明珠向广州销售公司和深圳销售分公司注入资金，增持这两个分公司的股份，以达到控股的目的。随后，格力电器通过不断追加股本依次控股其他销售公司。紧接着，格力电器又从总部向销售公司派驻董事长和销售主管，连总经理也换为新股东代表。然后，重新划分销售区域，避免出现代理交叉的争议地带。最后，格力电器通过全国总代理商——北京盛世恒兴格力国际贸易有限公司，管理和制衡27家分散在全国各地的销售公司。

多年来，由于格力电器特别讲求诚信，所以成为家电行业典范信用企业。2013年9月，在由央视网主办发布的中国首届国家信用盛典暨首个企业“诚信红榜”上，格力电器当选“家电行业典范信用企业”。董明珠说：“做企业，做产品，首先要从做人开始，做一个诚信的人，这样才能做一个诚信的企业，打造一个有信誉的产品。”

在市场上纵横多年，董明珠知道只有讲诚信才能赢得别人的尊重，只有讲责任才能够帮助别人。有了诚信，世界各地的经销商才愿意与格力电器合作，才能创造共赢的局面。后来，格力电器还把对经销商的诚信，扩大到要对国家、对股东、对员工的诚信等多个层面。正是有了诚信和共赢的经营核心，所以格力电器才能打造出一个又一个完美的产品，成为对消费者、对社会、对国家负责的好企业。

自建专卖店以提升消费者的信任

3月的北京，乍暖还寒。天安门广场西侧的人民大会堂，那熠熠生辉的国徽镶嵌在正门的门额上，那12根浅灰色大理石门柱迎接着四方来客，整个建筑庄严雄伟、壮丽典雅、富有民族特色。

现在，人民大会堂里面已经是鲜花锦簇、彩旗飘扬，全国各地的代表们正在这里参加全国人民代表大会。2004年“两会”上，董明珠作为广东代表团的代表之一，正积极参加各项议程。

“铁娘子”PK“价格屠夫”

“报告，董总，成都国美电器店没有经过我们的同意，就擅自将格力空调降价！”正在“两会”上的董明珠，突然接到下属的一个电话。

“停止向国美供货！”董明珠发怒了，格力电器辛辛苦苦构建起来的全国统一价格体系，怎么能让国美电器店搅局呢?

事情的起因是这样的：2004年2月17日，成都国美电器店召开新闻发布会，宣称要执行国美电器“空调大战”计划。一个星期后，“空调大战”上马，2月24日成都国美电器店对所有品牌空调都进行大幅度促销，其中有一款格力空调的价格降幅高达40%，是所有品牌空调中降价最多的空调产品。

格力电器发现后，就向成都国美电器店发函，要求国美终止低价销售格力空调。没想到，成都国美电器店居然不予理会，继续降价销售格力空调。由于双方交涉未果，所以四川格力销售公司的员工迅速将这一紧急事态告知在北京开会的董明珠，请求迅速裁定。

在得到董明珠的“口谕”后，四川格力销售公司立马断掉了成都所有国美电器店的货。此举惹怒了当时的国美电器董事长、“价格屠夫”黄光裕。黄光裕马上加码“空调大战”的威力，顺便收拾一下“不听话”的格力电器。

黄光裕在自己经营的国美电器这一家电连锁帝国里，常以霸道强悍的风格杀入市场，在定价上国美电器店完全能够左右定价权。任何商品只要进入国美电器连锁店卖场，谁也影响不了国美的价格，在不违法的前提下，国美电器想卖什么价就卖什么价。就这样，黄光裕在任何商品上都可以做到全市场最低价格，其他经销商根本不具备这个能力，所以黄光裕“杀死”了一个又一个对手，不断攻城略地，最终博得“价格屠夫”之名。

当“铁娘子”董明珠遭遇“价格屠夫”黄光裕，两人最终爆发了一场旷日持久的“恶战”。董明珠断了国美电器的货才一个月，国美电器就马上进行“报复性反击”。

2004年3月，国美电器向全国所有连锁店发布“关于清理格力空调库存的紧急通知”：要求把格力电器的所有产品全部清理出卖场、清理全部库存！要知道，国美电器是中国大陆大型家电零售连锁企业，拥有1000多家门店，黄光裕就是他们的“教父”。当黄光裕想好了一件事，或者在布置一件事情时，底下的员工绝对是鸦雀无声、无条件服从，要不然就是自触霉头。于是，全国各地的国美电器店纷纷对格力电器的产品进行下架、退货、清理……

面对“杀气腾腾”的国美电器，董明珠也不甘示弱，马上通电全国格力所有销售公司给予坚决反击：“如果国美不按照格力的游戏规则行事，格力电器将把国美电器清除出自己的销售体系。”

当时，国美电器的对手苏宁电器发现格力电器和国美电器“交恶”后，就想乘虚而入，主动示好，要与格力电器合作打击国美电器。2004年，苏宁电器力邀格力电器高层参加他们的空调采购峰会，但是格力电器并没有参加。苏宁电器认为，格力在全国范围内采取代理模式，与家电连锁店为节省中间环节费用而直接从厂家采购模式格格不入，所以苏宁电器也开始与格力电器分道扬镳。

不到一年的时间，格力电器就接连得罪了两大家电零售商，一个是在线下拥有千余家实体店的国美电器，另一个是在线上经营电器的超级大商城苏宁电器。

“铁娘子”董明珠PK“价格屠夫”黄光裕

格力专卖店的好处

这时，董明珠也感到销售压力重重，同时也看到“借店营销”这条路走不了多远。于是董明珠“穷则思变”，想到另外一条新的路子，自建渠道，通过设立全国专卖店网络来销售格力电器的全系列产品。董明珠说：“格力自建渠道，除了可以抑制来自渠道的价格打压，还可以最大限度地让利给顾客。国外很多优秀品牌都可以有自己的专卖店，为什么我们就不能这样做？我们要定一个合理的价位，然后让国美、苏宁进行营销。如果他们不销，我们可以到别的地方去卖！”

很快，董明珠就在国美电器和苏宁电器的“联合围剿”中，靠着格力专卖店杀出一条血路。在格力电器拒绝与国美电器、苏宁电器签单不久，格力形象店就开遍了全国各地。

这些格力专卖店拥有统一的“品牌基因”——红底白字的“Gree格力”LOGO在门头上格外耀眼。里面的装潢既富有现代科技感，又富于生活气息。在格力专卖店里，家用空调、中央空调、空气净化器、净饮机、晶弘冰箱、大松小家电等格力全系列产品一应俱全。他们的售前、售中、售后服务，都执行统一的标准，让消费者特别放心、舒心。

当时，格力电器不断加大投资，每一年都增加5000多家专卖店。经过几年的高速发展，格力电器在全国拥有3万多家专卖店，这些专卖店既是格力电器主要的销售阵地，也是消费者近距离接触格力最新产品的体验店。有统计数据显示，格力的销售渠道一点也不逊色于国美电器、苏宁电器的渠道。目前，格力电器的销售额70%来自专卖店，20%来自家电连锁卖场，10%来自电商渠道。

在全国范围发展格力专卖店，可谓是好处良多。通过此举，格力电器不仅可以提高格力电器的销售额，还可以做到价格统一化、销售规范化，最终俘获消费者的心。董明珠说："我们自建专卖店，第一是为了统一价格，第二是规范销售行为。这个模式提升了消费者的信任，他们只要购买了我们的产品就不需要担心任何问题！"

就在格力专卖店"燎原全国"的时候，国美电器惊诧了，苏宁电器惊呆了。没有国美电器和苏宁电器这些家电零售大佬的掺和，格力电器依然活得好好的。国美电器、苏宁电器把所有的电器店加起来才有几千家，而格力电器后来居上，超乎寻常地发展了几万家格力专卖店，在数量上以压倒性优势战胜了他们。格力电器和国美电器、苏宁电器这种渠道之争，好比狼群对大象，在狼群进攻时大象只有哀鸣的份儿。

好的营销=好的产品+好的售后+精细化企业制度

“呜呜——呜呜——”在一间黑洞洞的库房里，传来了工业搬运机器叉车的阵阵嘶鸣声，借助着微弱的灯光，一位穿着背心、鼻尖冒汗的叉车司机正在稳稳地操作这辆叉车，只见他一边目不转睛地盯着前方，一边微微转动方向盘，缓缓接近目标。

现在，前面这个搬运目标不是硕大无比的空调包装箱，而是一根微乎其微的针头。只见叉车前面的大铁叉连着一根白线，司机不断对这根线进行微移、“调整诸元”，用线头的尖锋牢牢锁定针孔目标，最后以迅雷不及掩耳之势完成了叉车穿针引线这一高难度动作。这位司机就是格力叉车大王曹祥云。

叉车司机的技术活

很多年前，曹祥云从湖南来广东珠海打工，像董明珠当年一样，是外来务工人员。在格力，曹祥云先从搬运工做起，虽然他不爱说话，但是干活特别卖力，每天他都争取去搬第一车货和最后一车货，因为那是最累的活。由于表现积极、进步飞快，他被评为班组优秀员工。

后来，曹祥云看到，在仓库工作的员工除了搬运工，还有叉车司机。曹祥云特别喜欢听叉车嘶鸣的声音，因为叉车的马力很强，搬货又快又多，曹祥云一听到叉车汽笛的声音浑身上下的血液都沸腾起来。后来，他通过刻苦学习考了叉车证，从搬运工升级为叉车司机，最后被分配到格力成品库8号仓库上班。在工作中，曹祥云严格遵守格力电器的精益生产制度，遵守各项搬运禁令，不断修炼自己的叉车技术，他先从叉车开啤酒瓶盖练起，经过无数次的训练，最后实现了叉车穿针引线的境界，成为名副其实的格力叉车大王。

董明珠说："开叉车一样有技术，他（曹祥云）开到了极致。有一次，他发现有同事用打火机把啤酒盖打开，他就想我能否用叉车头把啤酒盖打开？别人不敢想，他敢想。回去之后，他不知道买了多少瓶啤酒来练习用叉车开瓶盖。终于有一天，叉车司机能用叉车打开啤酒瓶了，后来他又能用叉车穿针引线了，并且成功地挑战了吉尼斯纪录。现在，我们的叉车工已经不算优秀了，为什么？因为我们所有进来的叉车工必须能开啤酒瓶、能穿针引线，才能到叉车司机的岗位，这就是精益的制度、文化的创新！"

看到这里，你也许会问，这么厉害的叉车司机与格力千亿级的营销目标有什么联系呢？董明珠说："好的营销就是让经销商能后顾无忧地去代理你的产品，能在经销中有利可图，而要吸引经销商，好产品和好售后是基础，而精细化的企业制度是根本。"可见，好的营销=好的产品+好的售后+精细化企业制度。

正所谓"没有规矩不成方圆，没有精益免谈创新"。试想一下，如果没有这种"叉车穿针引线"的精细化企业制度制约，这些叉车司机开着一辆又一辆张牙舞爪的叉车，在格力的成品库里横冲直撞，不知有多少成品会惨遭"毒叉"。这些成品还没有发货出去，就在库房调度中被人为损毁了，再加上长途运输、退货换货，真正送到消费者家里去的时候，这些经过“百搬折腾”的产品多半已经成为“残废品”。最终，会影响格力电器的信誉和销量。

所以，为了防止员工伤害这些孩子般的产品，格力电器出台了很多精细化的企业制度。这些精细化企业制度的最大特点就是岗位精细化考核，每一个岗位每一项考核都要具体化、标准化、数据化、规范化、程序化，最终实现事前、事中、事后、时间、空间和过程的精细化控制。

在格力，还有很多其他精细化的规定，例如人车分流制度。在格力，不论在什么情况下什么级别的员工都要走人道，什么性质的车辆都要走车道。在格力电器的车间里，黑白相间的斑马线就是“高压线”，谁要想“以身试法”，不按规定路线行进，必然要“灰飞烟灭”。格力电器这样明确划分员工和车辆行走的边界和禁区，是为了有效避免人车相撞的事故。因为格力拥有8万多名员工，一不留神就会出现工伤，工伤越多，越让企业疲于奔命。

有一天，一位格力的老员工鬼使神差般地走上了车道，结果被无情地开除了。同事们闻讯后，纷纷去找领导求情，可是都没有成功，因为格力的精细化企业制度不是纸上谈兵，而是严格执行的“紧箍咒”，再有能耐的“顽猴”也要拜服在制度的“五指山”之下。

完美产品不需要售后服务

说完格力的精细化企业制度，我们再说格力如何做产品。格力的做法可谓是“愚笨之极”。1996年，格力电器成立了一个貌似多余的原材料筛选厂。在这个厂里，格力电器大张旗鼓地安插了1000多名质检员，负责对供应商提供的每一个零配件进行层层筛选，一旦发现零配件不符合要求，马上中止与供应商的合作。这个厂虽然不能产生利润，却能有效保证成品的质量。

有一次，董明珠拿出新到的签字笔签字，发现这种笔的油墨损耗很厉害，自己才签十几份文件，可是管里的墨汁就矮了一大截。董明珠对助理说："这种笔怎么用得这么快？质量不行，需要换另一家供应商！"助理得令后，马上照此操办，重新更换了签字笔供应商。

董明珠说："格力管理的风格是什么？我觉得第一就是要求严谨，第二就是效率，第三是成本控制。去年，我们的物料损耗只有0.12‰。这是什么概念呢？我们买了1000个亿的物料，只有1300万的损耗。通过这个细节管理，让我们公司增强了竞争力，而且保证了我们的利润。过去我们公司上线的产品经常会停工、停线，为什么？因为零部件不符合要求，所以我们在每一个环节都用极致的手段来保证产品质量。你看着这个过程严酷，但一切都用结果说话，这就给我们带来极大的、强势的竞争力。"

长期以来，这个原材料筛选厂好比一网精密无比的筛网，不断"去粗取精、去伪存真"，所以格力电器的物料损耗控制到了行业的最低水平。一方面物料的损耗降低了，另一方面格力人通过各种"自虐式的技术研发"追求完美产品，所以保证了成品质量。

董明珠说："大家说的微笑曲线包括技术、营销、制造。制造它是一个底端嘛，好的应该是两头，但是我想这个底端如果拿掉了，那你这个微笑就没有了。如果一定要去做一件事情，那我觉得我选择制造。"在董明珠看来，只有通过技术创新不断制造出更新换代的、完美无瑕的产品，才能开辟出新的市场蓝海，才能笑到最后。

有了精细化企业制度，也有了完美的产品，那么格力电器的售后服

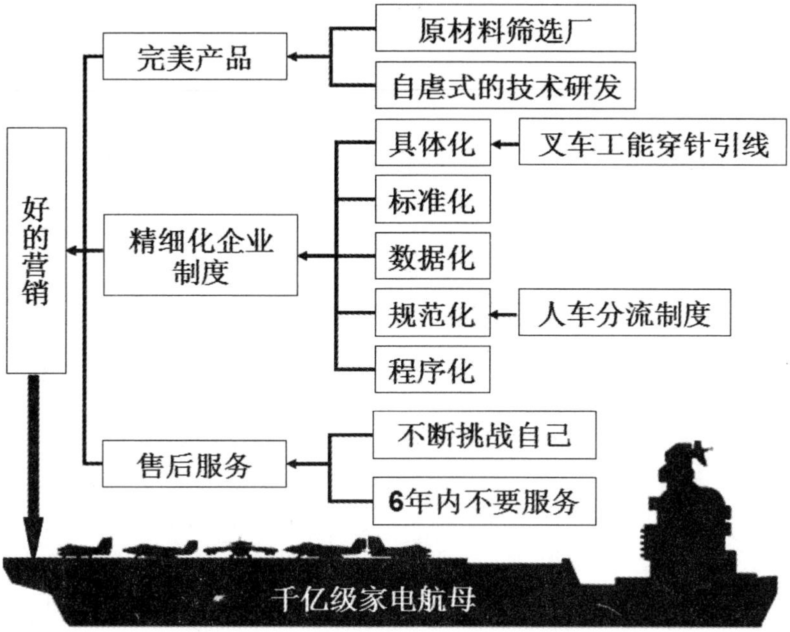

好的营销=产品+售后+精细化企业制度

务水平如何？1997年，格力电器提出“不要售后服务的服务，就是最好的服务”。

董明珠说：“格力不需要售后服务，生活电器我们要求产品生产出来6年不能发生故障，以后国家出台了8年必须更新换代的政策，格力承诺消费者在使用年限内所有问题由企业承担。格力已经推行生活电器6年内不要服务的售后体系。”

依据董明珠所言，由于格力电器生产出来的产品要求在6年内不能发生故障，所以在这6年之内根本不需要什么售后服务。消费者可以放心地使用格力空调，一直用到需要更新换代的那天。当然，消费者在使用年限内出现问题，格力电器就会派出就近的工程师队伍对有关问题进行排查和检修。董明珠说：“格力一直争取做到没有售后服务，而且不断地挑战自己。”

“不需要售后服务”，结果怎么样？还是要以市场数据来说话。格力电器在进入“董明珠时代”后，在2013年1月发布了第一份年度业绩单。根据业绩显示，2012年格力电器实现营业总收入1000.84亿元。据此靓丽业绩，格力电器在继海尔、美的之后成为又一个进入千亿级的国内家电企业，也是首个依靠单一品类产品实现千亿的家电企业。

多年来，格力人不断挑战自己，在精细化企业制度下创造了完美的产品，在一定的使用年限内根本不需要进行售后服务，所以消费者对格力电器十分信赖，最终成就了格力电器这个“千亿级家电航母”！

国际化的支撑点在于品牌国际化

亚马孙森林，郁郁葱葱、绿浪翻滚，它是世界上最原始、最大型的热带雨林，被称为“地球之肺”。亚马孙河犹如一条巨龙，蜿蜒在亚马孙森林中，它是世界上流量最大、流域最广的河流。它一泻千里、横跨南美，在世界自然奇观“涌潮”上演时，就会传来阵阵涛声，气势磅礴。亚马孙河泽被着南美洲的广袤土地，滋养着“足球王国”巴西，同时也眷顾着巴西版“格力”。

在亚马孙森林的腹地，是巴西亚马孙州首府玛瑙斯市，就在这个“森林之城”里，格力巴西公司如花绽放。那白色的厂房错落有致，镶嵌在绿色的原始森林之中，犹如翡翠上的珍珠，格外耀眼。格力人如何将空调卖到海外、卖到巴西的呢？这一切要从头说起。

巴西版“格力”

1998年，就在董明珠出任珠海格力电器副总经理的第二年，格力电器开始拓展巴西市场。当时的打法是基本执行国内的代理制，就是寻找当地的经销商合作。一开始，格力空调的知名度比较小，市场很难打开。格力空调在巴西一年的销量大约有两三千台，这样的销量是很小的，相当于国内大经销商的单笔订单的货量。

当时，格力电器想加快跑马圈地，快速拿下巴西市场，可是当地经销商的做事风格却悠闲而散漫，对什么事情都那样慢条斯理，让人干着急。这种慢半拍的“巴西节奏”与中国朝夕必争的“特区速度”“珠海速度”比起来相差甚远，这让讲求高效率的董明珠很难接受。经过3年的市场铺垫，“先有市场再有工厂”的条件已经具备，所以董明珠决定在巴西投资建厂。

2001年，董明珠任珠海格力电器总裁，在她的积极推动下，格力电器在巴西投资2000万美元建设了格力巴西生产基地，并于当年6月顺利竣工投产。格力巴西生产基地占地面积为3万平方米，建筑面积为1万平方米，年生产能力为30万套，是国内空调企业在海外设立的第一个生产基地，也是中国第一家“走出去”的家电企业。

巴西版“格力”建立起来之后，并非一帆风顺，在十多年的国际化旅程中，格力遭遇了一系列困难。这好比一位旅行者遭遇了复杂多样的热带雨林气候，时而晴空万里，时而电闪雷鸣，时而焦渴难耐，时而洪水泛滥……

首先，挥之不去的“巴币贬值”阴影。2002年在卢拉大选期间，巴币不断贬值，甚至有时贬值10%。当时巴西版“格力”建厂才一年多，本来利润就少得可怜，现在突然来个“巴币贬值”，让格力巴西生产基地一度陷入经营困境。当时，格力内部开始有人提议从巴西撤资，但是董明珠坚持要走下去。这几年巴币贬值还在不断延续，最近一年贬值54.5%，最近5年贬值105%。巴币贬值了，巴西版“格力”赚的钱相当于白赚，有时还倒贴。

其次，不能承受之重的“巴西税务”。巴西是拉美最大的经济体，“二战”后，为了加快工业化的发展步伐，巴西税务部门开始对国外公司征收高额赋税。巴西政府规定，巴西跨国企业中的国外公司要向政府上缴34%的利润。巴西版“格力”建厂后短时间内，并没有足够的把握灵活应对境外税务，结果，在税务问题上吃了不少亏。格力从来都不怕吃亏，每年都如实上缴利税。

再次，遭遇全球顽疾“贪污问题”。当时，巴西版“格力”遇到很多行业内的腐败问题。董明珠始终坚持做好自己，不与贪污鼠辈同流合污。董明珠说：“为什么我们能‘走出去’？因为巴西对我们的品牌非常认可，我们每年都获评节能最高荣誉奖项。所以，我觉得‘走出去’，需要坚持自己的原则，第一让企业文化‘走出去’，第二让自己的技术‘走出去’。”

两个“走出去”

面对巴西市场的困难，董明珠坚持两个“走出去”：一是让企业文化“走出去”，二是让技术“走出去”。企业文化“走出去”，表现为员工本土化、十分注重工人福利。技术“走出去”，表现在不断输出最新产品、坚持中高端品牌的定位，把格力电器最新的研究成果，如光伏中央空调、全能王系列空调等产品，迅速铺向巴西市场，占领高端市场。

在巴西版“格力”中，有员工500多人，大部分为当地员工，中方员工仅占3%。这些员工跟国内的格力人一样，穿着蓝色的工作服，执行着格力电器的各项质量标准和精细化企业制度。员工上下班有公司班车接送，工人的午餐都是西餐，而且全部免费，下午茶也是免费的。工人们每天上班只有8个小时，加班另有加班费，除了法定的假日外，员工还享有一年一个月的带薪假期。在2014年巴西足球世界杯期间，格力巴西工厂的员工还可以放几天假看球赛。

由于员工的福利好、社会地位高，所以工人们特别珍惜在格力巴西工厂的工作机会，并发挥出很大的积极性和创造性，不断提高工厂的产能。格力巴西工厂的产能提高了，那么如何向巴西人销售更多的空调呢?

在格力电器成为空调行业领导者之后，董明珠明确指出要走中高端品牌路线，价位定得比其他牌子的空调都要高，而且果断从政府机构和社会名流的生意做起，此举获得较大成功，因为董明珠发现技术含量高的新款式空调越贵越好卖。最后，董明珠在巴西把格力做成了巴西的奢侈品牌，很多高官、足球明星都使用格力空调。就连巴西国家队中的“外星人”、世界传奇前锋罗纳尔多的家里也装上了格力空调。

经过10多年的精耕细作，格力凭借着核心技术、完美的高端产品，赢得了巴西广大消费者的认可和信赖。据粗略统计，10多年来格力在巴西累计销售各种空调产品超过51亿元，目前格力空调依然是当地销售价格最高的空调产品之一。

在2014年的巴西足球世界杯上，董明珠把格力电器和足球完美结合起来，打出了漂亮的“体育营销”战。

格力电器凭借着良好的品质，一举拿下阿雷格里港贝拉利奥球场工程项目、巴西利亚机场、巴西全国性电视台ReadTV的扩建项目等多个空调工程。在万众瞩目的世界杯上一传播，就让格力成了巴西家喻户晓的空调品牌。

由于格力在巴西成功实现了“走出去”，并取得了良好的业绩，所以董明珠受邀出席了2015年的中巴工商峰会。2015年5月，在峰会期间，中国国务院总理李克强亲临正在巴西举办的中国装备制造展格力展台视察。董明珠携巴西格力员工热情接待了总理一行，并介绍了巴

巴西版“格力”

西格力的近况，以及格力最新光伏中央空调和全能王系列空调。由于国家总理亲临参观，并为格力“代言”，所以格力电器成为展会上人们关注的焦点。

格力的国际化之路，不止在巴西。除了在巴西深耕细作之外，格力电器还在俄罗斯、美国、德国、意大利、乌克兰、亚美尼亚、南非、越南、澳洲、巴基斯坦等地建立了工厂或者参加了国际高端展销会。

从目前的案例分析，格力的国际化之路，主要有两种方式：一是通过直接投资的方式，直接在海外建厂，如直接投资2000万美元建设巴西版“格力”。另一种方式是通过“技术合作”，在海外建厂，如格力在越南和巴基斯坦建设的工厂，就是通过“格力输出管理、技术人员，采用格力技术标准”的方式，与当地的空调企业合作建厂，格力不再投入资金。

董明珠认为国际化的核心在于品牌和技术，她说：“一个企业真正实现国际化的支撑点在于品牌国际化，一个品牌走出去的背后必须要有强大的技术支撑，只有技术才能改变品牌形象。”

十余载风雨砥砺，十余载海外历练，格力国际化取得了丰硕成果。从2011年开始，格力的海外销售收入已经占到格力总销售额的四分之一，格力自主品牌空调出口超过250万台（套），同比增长近50%。在西欧地区，格力空调的市场占有率达到30%。在巴西、俄罗斯等多个新兴市场里，“格力”是当地的第二大空调品牌。在意大利，格力电器的市场占有率更是突破了60%。

董明珠说：“在经济全球化的大潮中，企业很难找到避风的港湾。中国品牌在未来的舞台上想要立足，就必须主动和勇敢地走出国门，积极参与国际竞争和角逐。只有这样，我们才能建立自己的全球竞争力，中国才能诞生真正的世界名牌。我们最终是要让全世界的人都信赖格力空调，就像人们信赖奔驰、宝马一样。”

第4章

竞合艺术：最大的竞争对手是自己

真正的竞争对手是你自己，你永远要挑战自己，让自己成为行业的领导者，这不是喊出来的，更不是跟别人打架打出来的，而是你跟自己挑战出来的。

——董明珠

把烂品牌全部消灭掉

空调销售旺季过后，市场陷入了悲凉淡季，随着阵阵秋风吹过，绵绵细雨淅沥而下，天气越来越冷了，这可愁苦了各地空调经销商。空调卖不出、库存压力大，怎么办？重阳节刚过不久，山东格力公司的总经理看见格力专卖店里销售渐渐疲软，心中平添了许多愁。

“马上来珠海总部一趟，有事相商！”这时，格力集团董事长兼格力电器总裁董明珠来电话，要求山东格力公司的总经理南下商议“紧急大事”。

“裸价风暴”

山东格力公司的总经理到了珠海后，发现格力全国各地销售公司的老总、各级经销商等“销售大佬”在珠海格力总部济济一堂，正密谋着一场“裸价风暴”。

从来都不提倡打价格战的格力，为了推动中国进入全变频空调时代，要在国庆节期间发动一场全行业的“价格大革命”。董明珠说：“我们国家到目前为止还没有进入变频时代，希望通过这种活动让消费者更多地了解更好的空调，推动中国进入全变频空调时代。”

“裸价风暴”主要有两个动作：一是先以低价大力促销；二是启

动“以旧换新”活动，格力电器向市场迅速放出这样的“猛料”——2005年前的格力空调可抵1000元，来换购格力的变频空调。

2014年国庆期间，格力电器开始发动第一轮“裸价风暴”，大幅度低价促销、旧机可换购变频空调，以缓解全国各地经销商的库存压力。同年底，格力电器又发动第二轮“裸价风暴”，总体思路和打法是“抢市场、推变频空调”。董明珠说：“今年下定决心，一定要清场。我们后面还会有活动，真正把那些烂品牌，假冒伪劣、偷工减料的品牌全部消灭掉，我们才会停止行动。”

在第二轮“裸价风暴”期间，格力专卖店参加活动的产品价格比平时要低5%~10%，比国庆的促销价格略高一点，促销时间与国庆期间一样，都维持在一周左右。

中国的市场很大，像美的、海尔、海信科龙、志高、奥克斯、TCL等其他品牌空调都有各自的渠道，格力电器刮起的“裸价风暴”对他们也有一定的震慑作用。可以说，格力电器在极短的时间内，已经达到了消化原有库存、引导消费者使用变频空调的目的。只有行业的领导者格力空调，才有如此自信和能力采取这种行动，推动传统空调产业换代升级，淘汰一批高能耗空调，开启变频空调的节能时代。

对于“裸价风暴”所取得的成果，董明珠总结为：那是一举多得，对国家、消费者和行业均有贡献。董明珠说：“格力作为一个世界上科技先进的企业，是个领头羊的企业，我们就要有担当。我们开展以旧换新的活动，对2005年以前的空调全部实行淘汰。初步算一算，格力这次活动拿出来多少钱呢？大概有50亿以上。大家觉得格力吃亏了，我觉得不吃亏，因为一台淘汰空调可抵1000块，500万台才50个亿嘛。可是，我们让这500万台空调停止了对空气的污染和破坏，这样的结果是对国家的贡献。

“第二个我觉得是对消费者的贡献。消费者用过去的一台老空调换成今天的新空调，这意味着他们一年可以节约2000元以上的运营成本，这是对消费者的贡献。

“第三个贡献是对行业的贡献。格力通过这几次500万台的以旧换新，付出50个亿的代价，让中国乃至世界重新对格力品牌定位，这是我们认为非常值得做的一件事情，所以我们的以旧换新活动也震动了整个行业，加速了行业变革。”

对于格力的“裸价风暴”，很多人将其定义为“价格战”，但是董明珠认为那不是“价格战”，而是利用规模效应，让更多消费者能够去享受格力的技术和质量。

董明珠说：“受人尊重的企业才是最伟大的企业。格力要做的，是给消费者带去质量高、技术先进且没有售后烦恼的产品。我们投入那么多人力和资金，研发出新技术新产品，为了什么？技术再好，质量再好，你的价格过高就会让消费者望而却步，转去购买低质低价的产品，这对消费者本身就是一种伤害。既然你是一个负责任的企业，你就应该去思考，怎样让你的消费者去享受你的技术和质量，所以，我们的价格应该降下来，真正让利于民。今后格力将不再追求单品利润，而是靠规模效应去创造利润。”

“破格行动”

2014年12月，就在格力电器发动第二轮“裸价风暴”的时候，苏宁电器“不高兴”了，于是就联手国内6大空调品牌，包括美的、志高、海尔、海信、奥克斯、长虹，发起声势浩大的“破格行动”。“破”就是要打破格力电器独领风骚的局面；“格”就是剑指格力电器，要通过价格战把格力电器从市场中“格式化”掉。

格力电器发起“裸价风暴”，其他空调品牌厂商做出相应的对策也在情理之中。可是，苏宁电器这个零售商却要扮起“带头大哥”的身份，搞个“非常6+1”的“破格行动”，联合众多品牌对攻格力电器。这是为什么呢？

苏宁电器是渠道商，格力电器是制造商，两者原本是井水不犯河水，大路朝天，各走半边。可是就在2014年，格力电器与苏宁电器的老对手国美电器，在10年交恶后，“相逢一笑泯恩仇”，又重新合作了。

早在2013年，苏宁电器推行“线上线下同价”策略，大力发展电商苏宁易购。不过，格力主要依托线下专卖店来销售空调，他们担心一旦线上线下同价，全国各级经销商就无利可图了，对其代理制价格体系和专卖店网络带来冲击。苏宁电器要坚持“线上线下同价”，而格力则坚守自己的价格体系，避免损害专卖店和经销商的利益，双方互不相让，最终双方的合作就不了了之。

2014年初，格力电器与国美电器“重修旧好”，重新谈好了合作。10年前的2004年，“铁娘子”董明珠PK“价格屠夫”黄光裕，当时格力电器与国美电器斗得水火不容。可是，10年之后，双方“相逢一笑泯恩仇”。正所谓，没有永恒的朋友，也没有永恒的敌人，只有永恒的利益。等待了10年的合作，格力电器与国美电器双方都铆足了劲，不仅签下了年度采销合作80亿元的大单，还谈妥了国美专供机型。

格力空调国美专供机型，是格力电器与国美电器零售商的战略合作成果，也是国美电器一种比较常用的销售策略。格力空调专供机型就是国美电器买断格力空调的一些型号的产品，其他地方都没有这些型号产品销售，在源头上牢牢控制了产品流向。由于重金买断，所以国美电器在价格定价方面，拥有较大的主动权，这就避免了像以前那样刚降价就爆发双方“恶斗”的危险。这种国美专供机型，只限定于格力电器的少数机型，对于格力电器全国的价格体系没有造成什么威胁。相比之下，苏宁电器推行的“线上线下同价”策略，要覆盖格力电器的所有机型，这会让格力电器的价格体系“体无完肤”，所以格力和苏宁未能达成合作。

为了研制国美专供机型，格力电器和国美电器可谓煞费苦心。格力电器根据国美电器对消费者的研究，专门定制了专供国美销售的空调。这些特供空调机型集合格力多项核心科技（诸如太阳能、变频、无缝等），产品定价也不同于市场上的一般机型，让消费者享受产品量身定制的优质购物体验。2014年“五一”黄金周，格力电器投入大量资源充分让利消费者，凡购买格力I尊系列柜机还赠送变频挂机、格力净化器等。一时间，格力空调国美专供机型销量大涨，风光无限。

格力电器与国美电器蜜月般的合作，让苏宁电器羡慕嫉妒恨，所以苏宁电器只能“借故起事”。

很快，苏宁电器就找到了“最佳契机”，因为在2014年12月董明珠在内部讲话中，精彩点评所有竞争对手。当时“一向敢言、嘴上不

“裸价风暴”PK“破格行动”

饶人”的董明珠说：“美的曾经模仿过格力，三年就失败；海尔也在学，我觉得日日顺也没有希望；TCL也依然。多少企业都在模仿格力，但他们没有掌握格力真正的核心东西是什么。”

董明珠点评所有竞争对手，让其他空调品牌的经营者“愤愤不平”，于是苏宁电器就趁此机会，整合包括美的、志高、海尔、海信、奥克斯、长虹6大空调品牌，发起声势浩大的“破格行动”。当时，由于苏宁电器的介入，这6大空调品牌“同仇敌忾”，实现了“空前团结”。这些空调品牌给格力电器下达的“战书”也是咄咄逼人。其中，美的的是：“做梦一统天下，你行！省电一晚一度，我行！”志高的是：“大姐站台，你行！大哥代言，我行！”长虹的是：“十亿任性赌局，你行！十分军工品质，我行！”

2014年底，6大空调品牌围攻格力电器，展开价格战血拼，那是一个“多输”的结局，即使是“带头大哥”苏宁电器似乎也捞不到什么好处，因为价格战是没有太多利润的。这个由零售商组织起来的“破格行动”，可以说让一些品牌通过“价格自宫”的残忍方式去夺回渐失的市场，而不是通过技术创新去引领潮流、去谋求新的市场蓝海。结果，谁也不能坚持多久，最终不欢而散。

董明珠认为这个“破格行动”很无聊，对国家、对消费者和对行业没有什么贡献，反而成为行业的悲哀。“木秀于林，风必摧之；堆出于岸，流必湍之。”格力电器作为行业领导者，面临各方挑战在所难免，所以格力电器需要以豁达的胸襟去接受市场中各种各样“不成熟的行为”。董明珠说：“我们跟苏宁根本没有合作，我的产品都不在它的店里卖，你凭什么6+1，你怎么破格行动？我都不在你那里卖东西，你破什么？如果东西在你店里卖你说我不卖你格力，那你才能破。但是我质量好，我技术比别人先进，你怎么破也没有用！”

有公平竞争的环境，企业就可以做好

时值晚秋，广州塔犹如含苞待放的西关少女，在珠江边舞动着风情万种的“小蛮腰”；那沉醉归去的夕阳，犹如示爱未果的西关大少，在越秀山前做最后的徘徊。在广东首府锦绣花城广州，格力电器也上演了一段“爱恨情仇”。

那是一个多事之秋，雨雪冰冻灾害肆虐而来，汶川地震啸破山河，而国际金融危机犹如全球性“生化危机”，对实体经济进行了无情“屠灭”。每家企业都在绞尽脑汁增加营收，以便安全过冬。

格力废标案

2008年11月4日，为了扩大营收，获得过冬的“棉袄”，广州格力销售公司参加了当地某医院的采购竞标活动。当时，广州格力以投标报价1707万元的低价被评标委员会推荐成为第一中标候选人。

第一中标候选人，就是众望所归的最佳中标候选人。一般来说，在招投标时，评标委员会完成评标后，要向招标人（业主）提出书面评标报告，并推荐合格的中标候选人，一般为1～3名，其中要明确1名第一合格中标候选人，即最佳中标候选人，简称第一中标人。也就是说，广州格力在成为第一中标候选人之后，如果没有什么意外的话，就可以中标，就要向招标人（业主）输出相关空调产品了。眼看胜利在望，广州格力就像准备去迎娶新娘的新郎官一样，喜不自禁，心花怒放。

可是，这个“意外”来得太快，就像是西关少女的坏脾气，说来就来。2008年11月21日，中标结果发布，让人大跌眼镜。原先位列第一、投标报价最低的预中标供应商广州格力却被排除在外，另一家报价最高的公司却意外中标，当时那家公司的投标报价高达2151万元，其中标金额比广州格力足足高了400多万元。

消息传到珠海格力总部，董明珠“很不高兴”，决心去讨个说法，当时采购医院给出的回绝理由十分牵强，他们认为格力供应商的投标文件“不符合规范”，所以不应中标。当时，采购医院不说技术问题，也不提报价情况，而是在纸面上吹毛求疵，分明是“王顾左右而言他”，牛头不对马嘴。

在得知采购方质疑格力的产品是否符合要求时，广州格力销售公司主动做了书面回应，回复中包括生产设备许可证、实际产品运行的说明等。这些材料足以证明，格力完全拥有符合采购方标准的生产能力，可是他们还是不能改变投标的结果。格力电器作为空调行业的领导者，在技术上无可挑剔，在报价上又是最低，结果却一败涂地，眼睁睁看着大好的工程项目花落他家。这就是震惊空调界的“格力废标案”。

此后，格力转而质疑政府采购不公，但对于“民告官”还是持十分谨慎的态度。广州格力在“吃了哑巴亏”之后，先向相关部门进行了投诉，再次重申其投标文件完全符合招标文件要求，而当地采购中心组织复审并无任何法律依据，要求恢复其中标候选人资格。2009年1月，当地财政局坚称“格力的标书书写形式通不过审查”，所以驳回了广州格力的投诉。

“铁娘子”董明珠认为，此事不能就这样“草草结束”，她要“咬住青山不放松”“任尔东西南北风”。

2010年2月，在一次广东省人大会议上，董明珠又向广东省领导投诉废标案。当时，董明珠义愤填膺地说：“我去年缴税交了26个亿，在全国家电行业里已经是第九年排名第一，我希望政府能够给我们支持，最大的支持就是一个公平的环境。像去年的政府采购，我1700多万第一标中标，而且是自主产权的技术。而对方竟然找了个理由说你的文字错了一个字要把你废标，选了个2100多万的，还多了400万。

“我们作为政府的纳税人不禁要问一句，你们把这400万弄哪里去了？所以我认为政府给我们最大的支持不是给钱，给钱有什么用，钱从哪里来，还不是靠我们企业纳税，所以政府要给我们的是公平公正的环境，让我们去竞争。特别是我刚才说的自主品牌，没有自己的技术要被别人打垮，你有自己的技术自己人都不来支持你；消费者终端零售里老百姓买我的空调占了50%，而一个政府采购却不要我的产品，理由何在？”

当时，广东省领导认真听取了董明珠的投诉，然后给她支招，让她去尝试“民告官”。

董明珠说：“我就是告他了，我现在就在告他，但是告了以后，法院给我的回答是我们告错了对象。”

2009年，就在格力电器状告当地财政局，还在走司法程序的时候，格力废标案的工程就已经被“中标人”履行完毕，即使判决的结果有利于格力，也不存在可以履行的工程了。所以，格力电器只能不断“重提旧事”，以引起人们的重视。

由于格力电器的长期投诉誓要“讨回公道”，所以当地政府也对当地采购法做出了一些完善。不久，国内首个细化、补充《政府采购法》的地方性法规《广东省实施〈中华人民共和国政府采购法〉办法（草案）》由广东省财政厅正式提交广东省人大常委会审议，对竞标、赛标、废标等程序进行了及时调整修改。这是格力电器长期坚持而产生的良好结果，也可以说是法治社会的一种进步。

董明珠说："我希望通过我的坚持来改变一些行业潜规则。从我站出来到现在，有很多人都给我打电话，说格力太了不起了，我们都不敢出来说话，你站出来了。我说，如果谁都不站出来说话，市场怎么净化？在这个事件中，格力的初衷一直是按程序来。我们先是被通知成为第一中标人，很快又说是文字出了错，虽然我们也去解释，解释得很清楚，但依然因此而出局，直接由二标顶上。我们不是在为自己讨回一个公道，只是希望企业的发展环境更阳光化。"

专利侵权案

真是一波未平一波又起，就在废标案发生后不久，格力又碰上了专利侵权案。2008年12月，格力公司向珠海市中级人民法院提起诉讼，起诉美的"梦静星"系列空调侵犯其"控制空调器按照自定义曲线运行的方法"发明专利权。

早在2007年4月，珠海格力电器就研发了用户可以根据自己睡眠习惯控制房间温度的"控制空调器按照自定义曲线运行的方法"。这种新方法更加智能、更加人性化，用户可以根据自己的睡眠习惯控制房间的温度变化，从而提高睡眠质量，该方法被誉为空调界的"睡眠空调"新技术。格力电器在2007年4月就向国家知识产权局申请发明专利，并于2008年9月获得专利证书。

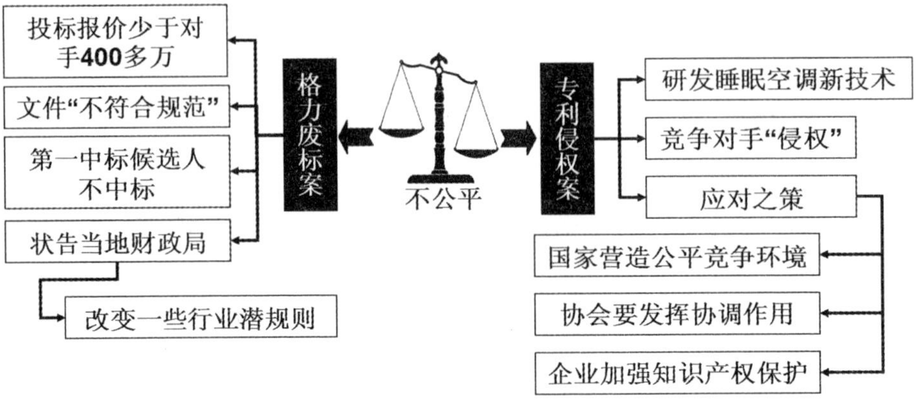

格力“废标案”与“专利侵权案”

就在格力电器申请专利期间，格力电器先后向市场推出应用了该技术发明专利的“睡美人”“睡梦宝”等系列空调产品。由于市场反映良好，所以在2007底美的也推出了“梦静星”系列睡眠空调产品。

一年后，同样销售“睡眠空调”的格力电器与美的开始“狭路对掐”。2008年12月，格力公司向珠海市中级人民法院提起诉讼，诉称美的“梦静星”系列空调侵犯其发明专利权。

双方“对簿公堂、分庭抗礼”持续了三年之久，2012年11月坐落于广州的广东省高院做出终审判决裁定，美的有4款空调侵权，应停止销售、停止许诺销售侵权的空调产品，并向格力公司赔偿200万元。在胜诉后，格力电器通过律师声明的方式，高调公布与美的胜诉的专利案件，并刊登在媒体广告版面。声明提示商家停止销售、停止许诺销售侵权的空调产品。

在纷繁复杂的市场环境中，空调界的废标战、专利战、价格战和口水战频发不绝。如何让企业的发展环境更阳光化？一是国家要通过建设法治社会，完善公平公正的竞争环境；二是行业协会要发挥协调作用，在行业中倡导、鼓励、践行良性竞争，抑制、摒弃、惩处恶性竞争；三是企业在加速各项事业发展的同时，一定要加强自主知识产权保护意识。

未来，格力不仅要做好自己，还要积极寻求办法，与政府、中国家电协会等组织机构一道共同营造一个规范的经营环境。在2014年7月国家经济形势座谈会上，面对国家领导人，董明珠亦是直言不讳地说："我认为制造业没有问题，企业本来就应该在市场中竞争，如果没有能力，就应该让它自然消亡！我认为现在最迫切的问题不是给钱，而是企业要协助政府，共同营造一个规范的经营环境。我们不需要国家的产业政策扶持，只要有公平竞争的环境，企业自己就可以做好！"

行业不会倒闭，只有企业会倒闭

每每莅临“东方之珠”香港，总让人血脉偾张、激动不已。维多利亚港水面开阔，船运如织；香港岛和九龙半岛上高楼林立，美不胜收，香港最高楼环球贸易广场临海傲立，远眺千里；“永远盛开紫荆花”的金紫荆广场上，国旗和区旗自由飘扬；星光大道的地面上装嵌着无数电影巨星的牌匾和手印。

入夜之后，一束束高楼探射灯向迷人的夜空摇曳探寻，万家灯火显现出高楼大厦的曼妙身姿，水中倒影依然那么璀璨浪漫。那缤纷爱意在波浪上翻腾，就像一首轻柔灵动、反复翻唱的金曲。就在这么一个令人神往的地方，格力和万达成功“联姻”了。

格力与万达“联姻”

2014年12月23日，万达商业地产在港挂牌上市，当时在与众人合影时，万达董事长王健林紧挨着格力董事长董明珠，可见两者的关系很铁。就在万达商业地产上市之前，格力已经成为万达商业地产的基石投资者。

何为基石投资者？基石投资者就是指企业IPO时在公募之前作为战略投资者申购公司股票的机构投资者，主要是以银行、对冲基金等为主的大型机构投资者、大型企业集团以及知名富豪或其所属企业。基石投资者按IPO发行价购买预先约定数量的股票，并接受6~12月的锁定期。格力集团在万达商业地产上市之前，果断投资施以援手，可以说是对万达商业地产的基本面、盈利模式、发展前景的肯定。所以，王健林对于董明珠当然要以“最高礼遇”相待。

根据招股书披露，万达商业地产共引入12名基石投资者，他们的认购额度占发售股份的六成，从而有力保障了万达商业地产能够成功上市。其中格力电器在香港的全资子公司香港格力电器销售公司就大手笔认购2亿美元，成为万达商业地产最重要的基石投资者之一。

遥想2014年3月王健林与董明珠同时在央视出镜，为格力做免费代言，当时推广的是格力不用电的光伏中央空调。王健林在免费为格力代言几个月之后，就收获了坚定的“基石投资者”董明珠，这也算是“功到自然成”了。董明珠曾兴奋地说：“格力和万达已达成战略合作，在双方合作的基础上，可能以后万达所有的电器产品都是我们提供的。”

格力电器为什么要选择与万达“联姻”？这与家电行业发展的新动向密切相关，其中有两个动向就是“联姻与电商”。

先说联姻，家电企业忙着搞“联姻”，不仅为了抱团取暖，也为了不断扩大市场份额，获得新的成长。

2014年4月，奥克斯空调联手360公司切入智能家居领域。2014年12月，美的与小米签署战略合作协议，在移动互联网业务领域进行多种模式合作。2015年1月，TCL与万达签署战略合作意向书，在商用显示（含电视）等方面展开合作。

家电企业开始玩跨界“联姻”了，完成了“你中有我，我中有你”的整合，他们的每一次大行动都牵动着格力电器的敏感神经。所以，董明珠也在物色最佳的合作伙伴。正所谓“做生不如做熟”。由于王健林曾经为格力免费代言，所以格力和万达早就有了良好的合作基础。就这样“一来二去”，格力电器成为了万达商业地产的基石投资者，为今后双方的更多合作打开了良好局面。

再说电商，面对互联网电商的冲击，家电行业的线下渠道叫苦连天。长期以来，格力电器靠销售公司、经销商、专卖店等线下渠道销售产品，业绩也受到电商的“瓜分”。报告显示，2014年前三季度格力营业收入984亿元，要想完成1400亿元的年度销售目标还有点压力，所以董明珠决定与万达商业地产合作，“搞个大单做一做”，因为每一个商业地产项目都需要装备多种规格的商用空调。

是不是格力与万达商业地产“联姻”，就能领到生存的“长期饭票”？董明珠认为，创新才是格力的生存之道，唯有不断创新，才能持续发展，才能逃脱死亡的命运，才能让“联姻”更长久、更甜蜜。

城市可持续发展宣传大使

2014年9月，董明珠笑靥如花地接过了联合国开发计划署颁发的“城市可持续发展宣传大使”证书，成为联合国首位在全球宣传城市可持续发展理念的大使。这是因为董明珠从2012年掌舵格力电器以来，在技术创新、提高能源效率和缓和环境恶化方面做出的不懈努力与贡献。其中，格力的创新成果包括世界首台自主研发的光伏直驱变频离心机和R290环保冷媒的应用。

格力首创光伏直驱变频离心机空调，开启了空调零能耗时代；还有格力电器自主研发的R290冷媒空调不含氟元素，对臭氧层不会产生破坏作用，也不会排放温室气体加剧全球气候变暖，是完全环境友好型制冷剂。由于格力创新不断，不断推出像零能耗光伏空调、无氟R290

冷媒空调等节能减排产品，不仅让万达商业地产省下不少电费，还让万达集团在绿色环保方面遥遥领先于国内其他企业。所以，格力与万达的“联姻”真可谓是“门当户对、相见恨晚”。

为了更好地活下去，董明珠一边在国内“联姻”，一边搏击海外市场，而要同时完成这两个动作，都要靠创新开路。

2014年，由于国家激励政策结束、行业产能过剩、国内市场趋于饱和等原因，中国家电行业面临重新洗牌。在这种严峻形势之下，董明珠认为家电企业不能抱怨形势不好，也不用指望政府救济，企业要想更好地活下去，就要加强自身体能建设、不断创新产品，大胆去开发海外市场。

董明珠分析说：“我走到哪儿都有人说2014年形势不好，究竟不好在哪儿？我认为行业不可能倒闭，但是企业有可能倒闭，如果你不创

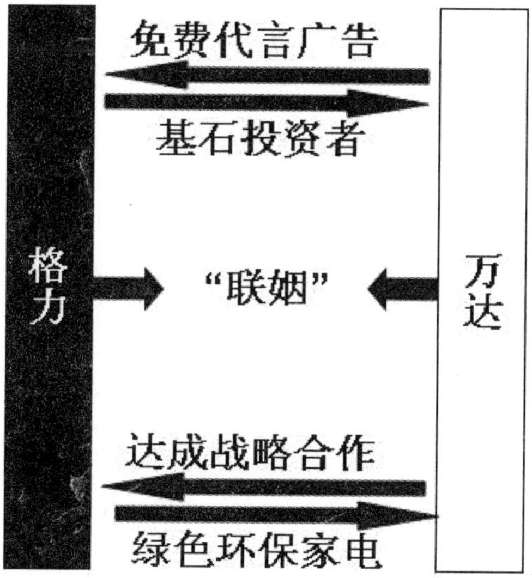

格力与万达“联姻”

新，你一定会被市场淘汰。即使我们呼吁政府给资金支持，但如果你是一个不锻炼的人，别人怎么帮你打针，怎么给你吃药，你也很难抵抗或者逃脱死亡的命运。

“而且这不好的背后，我们要看背景。第一个原因是市场预期过大。两三年前，由于政策的拉动，盲目地扩大市场预期，比如说原来市场就是5000万到6000万台的销量，却被评估成1亿台的销量，结果销售受到影响。第二个原因是产品质量问题。有些企业在运营过程中，没有自律行为，可能生产的产品不符合消费者所想的质量标准。

“但对2015年来讲，我还是保持一种乐观的态度，比如大家觉得市场饱和了，但放眼全球，市场有多大。我们不能因为某些企业的变化来否定一个市场或者一个行业。如果想让自己不死，就要加强自身体能建设。”

我们企业生存的目的是什么

度过了艰难的2014年之后，家电行业迎来2015年的春天。一时间，万物复苏百业俱兴，神州大地到处都是花团锦簇、春风得意。就在这个万象更新的季节，董明珠的热情演讲，给行业带来了又一个“春天的希望”。

2015年1月31日，格力集团董事长董明珠，在中国家居建材首届行业高峰论坛上发表演说。该论坛的主题是“谁的春天”，为此，董明珠睿智地指出：“我们有没有春天？一定有！”董明珠认为“要想拥有春天”，企业需要做出两个方面的努力：一是企业要通过技术创新，不断超越自己，引领消费时尚；二是企业要弄清楚自己生存的目的，企业不能只为自己过得好，还要为整个社会、国家和世界做出贡献。

“格力的春天”

在论坛上，董明珠左手拿着话筒，右手挥舞着，铿锵有力地传达出自己的声音。董明珠说：“如果说有天花板，就是自己，不是市场，不是别人。我们2014年做到1400亿营业额，现在像‘天花板’这种声音在变小，为什么？因为我们企业通过十年的技术研发掌控了核心技术，所以我们能让企业不断发展。2000年之前我们没有技术，唯一比别人好的就是，做老实人，不做投机取巧的事情，但是依然改变不了空调吹出的风比别人大。但是今天我们已经做出了没有风的空调，甚至做出不要电的空调吹出，你认为有市场吗？我认为有市场。这就是我们的春天。”

董明珠所说的没有风的空调，就是格力最新科技成果，格力空调全能王变频空调；她所说的不用电的空调，就是光伏太阳能中央空调。不要电的空调，我们已经在第二章介绍过，现在我们来说一说格力没有风的空调。

格力全能王空调拥有7挡送风模式，包括静音挡、低挡、中低挡、中挡、中高挡、高挡、强劲挡，远远超越传统空调的3挡风速，尽显“全能王风范”。在静音挡工作模式下，格力全能王空调仅有18分贝的工作噪音值，创造无感送风的新境界。依据国家制订的强制性标准：制冷量在2000W以下的空调室内机噪声不应大于45分贝，室外机不大于55分贝；500W至4500W的分体空调室内机噪声不大于48分贝，室外机不大于58分贝。普通空调运行时是25分贝，叶子沙沙声是20分贝，而格力全能王空调，不仅超越了国家标准也超越了同行水平，突破了静音极限做到了18分贝工作噪音值，连空调送风的声音都感觉不到了，所以被誉为“无风空调”。

除了“无风感觉”之外，格力空调全能王还拥有柔湿制冷模式，在运行中让制冷更清爽，使人体皮肤不会变得干燥。而且，它还创设了四种睡眠模式，包括舒睡模式、舒醒模式、DIY模式、午睡模式，满足人们多样化睡眠需求。

这就是格力电器“掌握核心科技”所带来的新享受、新变化、新生活，所以格力电器的产品总能在市场上居于领先地位。

在董明珠激情演讲期间，台下有个企业老板，他从来没有听过董明珠的演讲，今天看到英气逼人的董明珠毫无保留地倒出她的“春天论”，一时间感慨万千：就是这个女企业家董总，掌舵着千亿级大型企业，“风里来雨里去”，她靠着坚强的意志、靠着核心技术，度过了金融危机、度过了形势最差的2014年，实在太了不起了。听着听着，这个老板感同身受，共鸣频生，几乎要掉下眼泪。

生存的目的

在演讲中，董明珠犀利地分析了格力近30年的发展，格力主要经历了3个阶段的发展，每个阶段都有春天。第一个阶段，是格力通过10年的技术研发掌控了核心技术，赢得了市场，收获了第一个春天；第二阶段，格力走上了自主品牌发展之路，提出了“好空调格力造”的经营口号，结果让格力品牌成长为行业领导者，收获了第二个春天；第三个阶段，格力发力全球市场，誓要打造世界一流产品，用科技改变生活。

目前，格力正处于第三个阶段“突飞猛进”的发展中，董明珠说：“我们企业生存的目的是什么，仅仅是为了盈利吗？我认为不是。我们这个观念要转变，我们是为了整个社会，为了我们的国家，为了我们的人民，为了我们自己员工生活得更好。我们带着这样的战略思想做我们的规划，我相信我们的产品一定会成为世界一流。”

什么才算一流的产品，那就是拥有大爱的产品，能让世界人民的生活变得更好的产品。格力的磁悬浮离心压缩机，可谓是世界一流的产品。

2014年3月，格力电器公布了一项国际领先的自主创新技术——磁悬浮离心压缩机技术，并且同步推出了使用该技术的磁悬浮变频离心式冷水机组。在此之前，国内企业没有哪一家能掌握磁悬浮离心压缩机的核心技术，国外企业也只有丹麦丹佛斯（全球性集团公司）、美国麦克维尔（活了3个世纪的专业公司）、美国约克公司（世界流体控制领域的先导者）、日本三菱重工（日本最大的军工生产企业）这4家企业掌握该技术，而且他们的单机制冷量较小。为了打造一流产品，格力电器决定通过技术研发，不断挑战世界巨头企业、老牌企业。

格力电器从2010年3月开始着手磁悬浮离心机核心技术的攻关，通过3年1000多个日夜的科技攻关，最终研发成功单机制冷量1000RT（3516KW）的磁悬浮变频离心式冷水机组，在节能效果上远远领先国外企业的同类产品。

据最保守的测算，目前国内大型公共建筑中空调主机能耗占空调系统总能耗的25%~40%，如果将现有15%建筑的空调主机改造为格力磁悬浮变频离心式冷水机组，那么每年可以节约电能14亿度，可节约资金13亿元。在“最节能”磁悬浮变频离心机成功研发并推出市场后，董明珠高兴地说：“美国离心机四大家族的产品有几十年的历史，我们现在生产的产品，同等条件下节能40%，攻克中央空调的多项世界难题。”

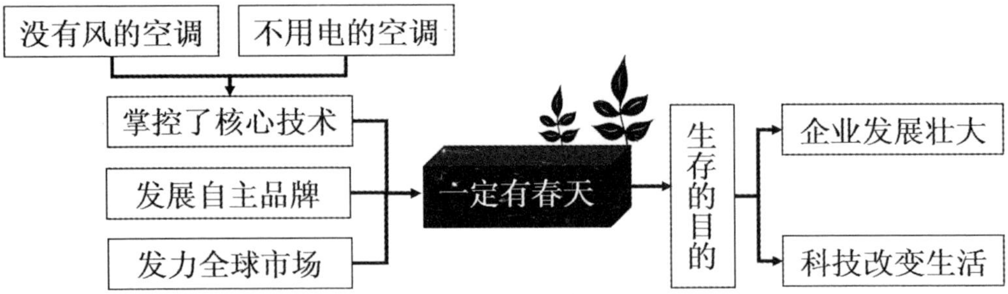

格力的“春天”

经过近30年的商海历练，董明珠坚定了格力电器的生存目的，既是为企业本身的发展，也是为了改变整个国家乃至世界人民的生活。为达成这样超级远大的生存目标，格力电器唯有自主创新，才是自信的筹码、坚强的基石。董明珠说："我觉得一个企业靠概念忽悠消费者，永远没有市场，不能成为一个百年企业，我们企业这么多年来在自主创新上找到了自己的感觉，而且也给自己做了坚强的基石。"

那天，董明珠的演讲明显达到了振聋发聩的效果。在座的企业家们都从中获益匪浅。因为他们知道行业没有所谓的天花板，企业生存的目的也不是狭隘的自我盈利求生，企业唯有自主创新才会拥有春天，唯有创造一流产品才能影响世界。

真正的竞争对手是你自己

星光灿烂，音乐响起，金杯闪耀，万众瞩目的央视“中国经济年度人物”颁奖典礼正在有条不紊地进行着。不知何时，这个被誉为“中国经济界的奥斯卡”的颁奖典礼上悄然增加了“豪赌”的环节。

在2012年“中国经济年度人物”颁奖盛典上，阿里巴巴集团创始人马云曾经与万达集团董事长王健林展开一场亿元豪赌。当时，马云说到2020年电商将取代实体零售占市场50%，王健林认为不可能，双方为此豪赌1亿元。2013年12月，随着“中国经济年度人物”颁奖典礼活动渐入佳境，格力集团董事长董明珠和小米创始人雷军也展开了一场“10亿豪赌”。

“10亿豪赌”

在颁奖典礼上，雷军首先表明小米的盈利模式是无懈可击的，他说：“小米的盈利模式最最重要的就是轻资产。第一，它没有工厂，所以它可以用世界上最好的工厂。第二，它没有渠道，没有零售店，所以它可以采用互联网的电商直销模式。我们没有渠道成本、没有店面成本、没有销售成本，运作效率更高。第三点更重要的是，因为没有工厂、没有零售店，所以我们可以把注意力全部放在产品研发，放在和用户的交流之上。所以，小米4000名员工，2500人在做跟用户沟通的事情，1400人在做研发。”

很显然，小米这点“研发能力”是不能与格力相比的，因为格力拥有6个研究院、一个国家工程中心、8万名热血员工和8000多名专业研究人员。

董明珠发现雷军“王婆卖瓜自卖自夸”，就见招拆招，她说：“我有3个疑问。第一问今天在座的有多少人用小米？第二问在手机里面谁是真正的老大？小米目前最起码不是老大。第三个，我想问雷军，如果全世界的工厂都关掉了，你还有销售吗？不给你做你怎么办？雷军做营销确实很出色，但是他要感谢那么多工厂在为他服务，一个群体为他服务。所以，我觉得我们在取得成绩的时候，不要忘了别人。”

这时，央视节目主持人陈伟鸿感觉双方的言语已有“擦枪走火”的苗头，于是就“推波助澜”，希望他们能打个赌。陈伟鸿说：“我觉得雷军卖产品，有一个特殊的地方，跟董总不一样，你看他基本上不怎么打广告，就在QQ、微信上面发一个消息，然后无数人就沸腾了、激动了。董总，您是要亲自上阵去拍广告，然后播广告，才能够卖空调，所以这方面好像他比较狡猾一点。那你跟他打个赌吧！”

雷军开始“约赌”了，他说：“格力是我非常尊重的企业，董明珠也是我非常尊重的企业家。她在传统制造和传统的消费电子领域做得非常好。但是今天在互联网时代，用互联网的基因重新做消费电子的时代已经开始了，小米就是这个方向的典型代表。那么，它的优势在什么地方呢？第一，它跟用户群最贴近，极其强调用户体验和口碑。我们为什么不做广告？因为要在无广告的前提下测试我们产品的品质和口碑。第二，因为它是轻模式，所以它的成长速度快。第三个，它的客户服务很到位。我们有2500人的服务团队，1300人的7×24小时的呼叫服务，对这样的客户服务我们下的功夫是蛮大的。我最后总结一句，小米模式能不能战胜格力模式，我觉得看未来5年。请全国人民作证，5年之内，如果我们的营业额击败格力的话，董明珠董总输我1块钱就行了。”

在2013年，小米营业额远远落后于格力电器。2013年格力电器的营业额为1200亿元，而小米的营业额仅为316亿元，格力电器的营业额相当于小米营业额的4倍。不过，雷军认为小米的轻资产模式成长速度很快，估计在5年之内，小米的营业额就可以超越格力。

对此，董明珠认为不可能，并希望马云能支持自己说几句公道话。董明珠说：“我告诉你（雷军），1块钱不要在这儿说。第一，我告诉你不可能；第二，要赌不是1亿，我跟你赌10个亿。为什么？因为我们有23年的基础，我们有科技创新研发的能力，而且我们保留了过去传统的模式，把马总请进来，世界就属于格力，你（雷军）只有一半，不行的。马总你说呢？”

“躺着中枪”的电商巨子马云，只好“现身说法”，他说：“我觉得没有传统的制造业，没有什么传统企业和非传统企业，只有传统的思想。我在董总身上看到的是企业家的精神，互联网创业的思想。当然，小米这两年的进步也非常了不起，像我们这样的新经济企业，不仅成长快是必须的，做得久才是最艰难的。所以，我刚才说3年的小米这样，13年的小米这样，23年的小米这样才是真正了不起的。

“我们的企业在高速发展当中要考虑如何活得更长、活得更好。在数字经济、虚拟经济时代，没有实体经济强大的支撑我们的企业是没法走出来的。所有的数字都会反映一定的实体，只有实体成长了，数字才会好看，才是扎实的。”

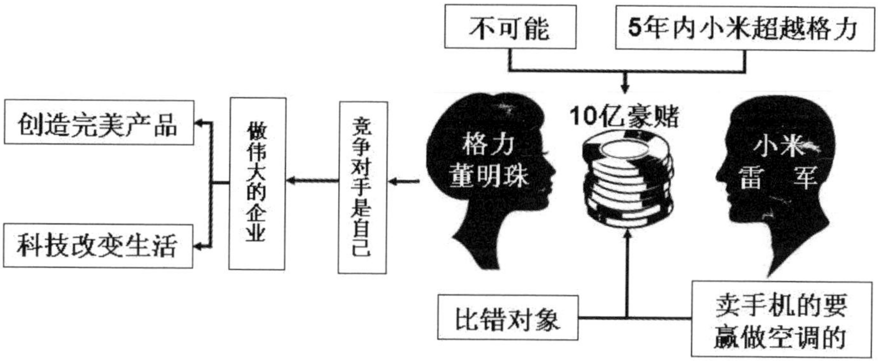

格力与小米的“10亿豪赌”

真正伟大的企业

看到董明珠认为小米不可能赢，而且还拉上马云做了充分的佐证：没有实体经济支撑的企业是做不久的；更要命的是，董明珠将“赌资”从1元一下子就追加到了10亿元。雷军不得不惊呼：“杀气，董总杀气惊人！”

董明珠还当场分析了雷军的最大问题，她说：“对方是信心满满，可能这个信心满满恰恰就是他（雷军）的危机。我觉得他最大的问题是没有共赢的思想，把所有的风险都转嫁给别人，如果卖不掉就变成库存，或者出什么样的问题，他是不管的。他只抓销售，卖掉就是我的，卖不掉就是别人的，我觉得他真正的危机在这里。”

在央视“中国经济年度人物”颁奖典礼上，行业大佬的调侃式“豪赌”，一时间成了新闻的爆点。但是行业大佬们知道，这些“豪赌”只是事先策划的“新玩法”。在商言商，行业大佬一旦有了共同的利益，就会抛弃这些“豪赌”的芥蒂迅速走向合作。后来，人们知道王健林和马云的“亿元豪赌”不玩了，因为王健林曾经回应说：“亿元豪赌就此作罢！我和马云很快合作！关于打赌，那是开玩笑的，我根本不相信，亿元豪赌纯粹是个笑话！”同样，董明珠和雷军的“10亿豪赌”也是不了了之。

在“10亿豪赌”之后，董明珠多次表态这个赌局没意义，她说：“雷军跟我赌了10个亿，我认为他跟我赌应该改成跟华为赌，跟世界上手机行业顶级的企业赌，那才是真正的赌。别说是互联网时代，什么时代我们格力都不怕，因为我们有了一大批创新的格力人。

“第一，雷军超过我，有什么面子吗？有本事在手机行业超过所有人，你才是第一。我一个做空调的，你跟我比什么。第二个，马云曾经问雷军，你手机做得再大，空气问题你解决了吗？环境问题你解决了吗？所以，一个真正有价值的企业，不是收入上的多少，更重要的是你企业的内涵，你创造了什么，你改变了什么，这才是一个真正伟大的企业。”

格力电器通过不断的科技创新真正改变了人们的生活，正是他们开创各种“划时代产品”，诸如“睡眠空调”“无风空调”“变频空调”“静音空调”“不用电空调”“无缝空调”等，这些创造和改变都让格力电器成为当之无愧的行业领导者，也成为名副其实的伟大企业。

未来，格力电器还会遇到各种各样的竞争和“赌局”，不过董明珠认为，这些外来竞争都不是格力真正的对手，真正的对手就是自己。董明珠说：“企业要有竞争力，而我认为真正的竞争对手是自己，永远要给自己挑战，成为行业的领导者。这不是喊出来的，也不是跟别人打架打出来的，而是挑战自己才能实现的。”很多年前，马云也抛出这样的“狂言”：“我就是拿着望远镜也找不到对手。”可见，伟大企业最大的竞争对手不是别人，而是自己，只有不断挑战自己、持续解决社会问题，才能延续企业的百年辉煌！

第5章

领导风格：

要影响企业，
激活企业

作为一个领导，如果你没有思想，你不能影响一个企业，不能激活这个企业，那要你这个领导干什么？不管怎么样，企业都有他的烙印，格力的烙印就是奉献文化、创造文化、责任文化。

——董明珠

五年再造一个格力

彼时还是青天白日、云淡风轻，此刻就是太阳湮灭、大地震颤，强大的自然灾害让地球彻底毁灭，一时间行星冲撞，超级火山、漫天狂涛轮番上演，人类无一幸免。这就是玛雅预言所描述的世界末日。有专家测算，百亿年后宇宙才有可能毁灭，所以末日只是一个传说。如果今天就是世界末日，你打算做什么？是纵情享受余生，还是选好风水宝地自掘坟墓？董明珠的做法却是要再造格力。

改写百年历史

2012年12月22日，这是玛雅预言中世界末日后新纪元的开始。这一天，由中国工程院院士、北京航空航天大学教授、天津大学热能研究所所长等专家组成的鉴定委员会一致认定，格力“双级增焓转子式变频压缩机研究及在空调和热泵热水器中的应用”技术为全球首创，处于国际领先水平。当时，董明珠在鉴定会上自信地说：“格力可以被模仿，但绝对不会被超越，因为我们一直在自主创新。”

“双级增焓转子式变频压缩机”究竟是什么样的新技术呢？

长期以来，世界上的空调压缩机采用的都是单级压缩，由此决定空调正常的工作温度范围是零下7℃至43℃之间，这是一个全球空调行业内通行的温度范围。不过，处于这样工作温度范围的空调无法满足许多极寒或极热地区民众的使用需求。

像美国景色谷、俄罗斯奥伊米亚康、加拿大育空塞尔扣克堡、南极洲科考站等地方的最低温度可达零下几十摄氏度；而像伊朗的卢特沙漠、苏丹的瓦迪哈尔法、埃塞俄比亚的马萨瓦等地几乎天天都是盛夏。这些地方的人们要想使用经久耐用的空调是很难的，因为普通空调明显是“冷热失调”“烂泥扶不上墙”。

为了满足人们在极寒极热条件下使用空调的需求，格力电器投入20余位顶尖工程师，通过长达4年的研究，投入1600多万元的研发费用，先后进行300多次的试验试制，最终成功研发出格力“双级变频压缩机”，让压缩机开创性实现了二级压缩。该技术可谓是给空调配备了双重心脏，可以在不增加能耗的前提下，大大提高制冷量、制热量和能效比。它可以实现零下30℃的强劲制热和高温54℃的强劲制冷。在严冬季节，应用该技术空调的制热量可提升40%以上，而在酷暑季节，应用该技术空调的制冷量能够提升35%以上。这对于在极寒极热环境中备受煎熬的人们来说，如同上帝赐予的“最美福音”。

格力“双级增焓转子式变频压缩机”使空调产品突破了运转极限，拓宽了地域与温度的限制。从单级压缩到二级压缩，就是这样一个创造性改变，改写了空调行业百年的历史，也开创了双级压缩的新纪元。

再造格力

就在格力电器开创了双级压缩的新纪元的这一天，格力董明珠向媒体透露自己的豪情壮志：未来5年，格力电器每年将增加200亿元的销售额，也就是说2017年格力的销售额将达到2000亿元。

2012年，格力电器的营业总收入为1000.84亿元，如果按照预期发展，到2017年格力电器的营收达到2000亿元，那么“再造格力”将会功德圆满。2012年，就在格力电器成功挺进“千亿级企业”后，董明珠依然雄心勃勃地说：“1000亿元只是一个数字，我不认为是一道槛，只是过程中的一个点。”

随后，董明珠提出“再造格力”的目标并非空穴来风，原因有三：一是已有参照企业，二是格力电器的技术创新持续不断，三是格力拥有自我挑战、自我牺牲的责任文化。

大家还依稀记得，在2011年的时候，华为创始人任正非对华为进行了架构重组，从单一的运营商业务调整为运营商业务、企业业务、消费者业务以及其他业务，并提出华为10年后的目标是在2020年营业收入达到1000亿美元，以期实现“再造华为”。可以说“再造华为”就是“再造格力”的最好参照。

现在，董明珠就要“步华为后尘”，开展多元化业务，不断增加企业营收，为“再造格力”不断发力。格力要想实现每年平均增长200亿，多元化是不能绕过的重要手段。董明珠不断鼓励格力人说：

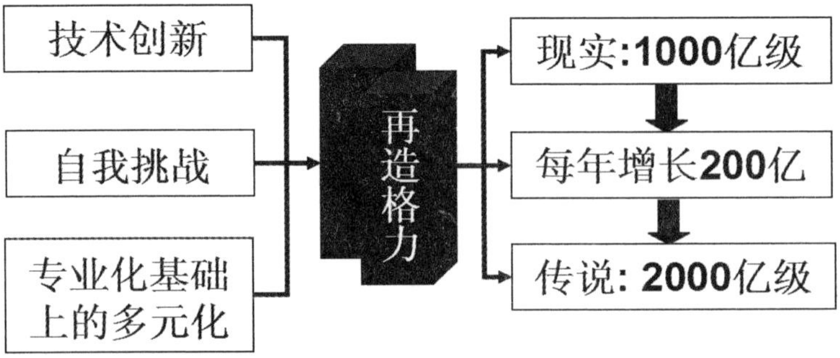

再造格力

“要围绕我们本身的专业化，怎么丰富我们的产品，怎么在一些细分市场上使得我们更有竞争力，这种专业化需要在广度和深度方面下力气。”

董明珠认为“再造格力”这个目标是完全有可能实现的，因为格力不断进行技术创新，不断开辟新市场。董明珠说：“长期以来我都是非常乐观，我觉得不会没有市场，如果能够保持技术创新，市场就会存在。未来5年再造1000亿元，每年增长200亿元，再过5年，格力就达到2000亿元。”

董明珠认为，有技术就有市场，有创新就有增收，就像格力电器研发的“双级增焓转子式变频压缩机”那样，最终在全球那些极寒极热的地方找到了忠诚的消费者。

有些企业家走上领导岗位之后，虽然“荣耀加身”但却“碌碌无为”，他们不想“像过去那样折腾”，也不愿再“进行丝毫的尝试和进取”，因为他们害怕“功亏一篑”，担心“晚节不保”，他们只想安享最后几年的“快活日子”，守着原有的成就故步自封，带着原有的光环隐退江湖。对此，董明珠不屑一顾。

正所谓“老骥伏枥，志在千里。烈士暮年，壮心不已”。抱负远大的董明珠虽然年纪渐长，但是雄心壮志仍不衰减，她抛弃了身上“荣誉”“贡献”“成就”等种种束缚和禁锢，给自己制订了“再造格力”这样一个远大的目标，也给自己设置了一个不小的挑战。董明珠认为，这个挑战恰好体现了格力的责任文化。

对于“再造格力”，董明珠坚定地说：“有目标就一定能够实现目标，我们在推出一个目标的时候不是随便喊口号，目标是我定的，必须要增长，当一句承诺出来的时候，就要知道这句承诺能不能做到。对于一个目标，你能做到就要做到，不能做到也要做到，这是一个无法回避的问题，因为这是你的责任。”

《孙子兵法》曰“上下同欲者胜”，原指官民有着共同的追求和目标，齐心奋战、共赴时艰、同仇敌忾，就能出奇制胜、力挽狂澜。同样，为了实现“再造格力”，董明珠也将责任分解到每个格力人身上，呼吁自我挑战、自我牺牲精神，把大家团结起来办大事，因为1个领导的责任和挑战是渺小的，但是8万员工的责任和挑战却是伟大的。

董明珠语重心长地说：“我们只有不断地自我挑战，给自己提出苛刻的要求，才能给别人提供更好的服务，如果没有自我挑战的精神，寄希望于外部的变化给你带来变化是比较低级的，或者说是没有自我牺牲价值的。我要做的是让每个格力人都愿意挑战自己，而不是我一个人挑战自己，当格力8万员工都愿意挑战自己，那绝对是战无不胜了。”

目前，格力电器是中国首家实现千亿的家电上市企业，也是中国首家年净利润、税收双双超过100亿元的家电企业。格力空调市场占有率超越了韩国LG、日本松下、三菱等传统空调品牌，连续9年位居全球第一。在这些成绩面前，董明珠还是不满足，在末日传说这样一个特殊的日子里，她提出了“再造格力”的目标。为此，董明珠逆风飞扬、孜孜以求，引领着格力在借鉴中不断摸索出路，依靠着技术创新和责任文化打大仗、打硬仗，誓要将目标变为现实。这一切，如果没有强大的领导力、思想力和影响力，是不能做到的。

格力从“黄埔军校”升级为“西点军校”

一家企业流失个把人才并不足为患，倘若人才被批量挖走，那就危险了。自从格力走上自主品牌、技术创新之路以来，国内外同行对于那些年轻有为、立场不坚定的技术人员早已垂涎三尺，纷纷来格力电器挖人，这让格力从“黄埔军校”迅速升级为“西点军校”，为国内外同行培养并输出了大批人才。

“被挖人”

近几年，海尔、美的、志高、奥克斯、创维等企业纷纷以高薪手段把格力的技术人员挖走。这些企业挖人的利器就是高薪，格力给他年薪5万块，挖人企业就给他年薪15万；格力给他年薪10万块，挖人企业就给他年薪30万。随着人员不断流失，公司中层的管理人员很着急，就去找董明珠商量对策。

“董总，怎么办？别人挖我们的员工，我们是不是也用高薪把这些人留下来？”公司中层的管理人员认为员工流动都是为了求财，只要格力也施展高薪大招，一定能让这些人回心转意。

“你错了，你给再多的薪水也不能留住这些人，因为他们的心和我们不是一样的，中国的企业应该更多提倡奉献的精神。所以，格力电器坚持创新奉献的文化，这样的人跟格力电器的企业文化不符合，所以他们愿意走就走吧。我们格力愿意成为家电行业的黄埔军校！”董明珠回应说。

由于格力没有什么应对之策，所以人才流失现象越来越严重。2013年，在全球范围内提供空调控制解决方案的美国约克公司，横跨太平洋来到珠海格力总部，一下子就挖走30多名格力的技术人员。国内企业来格力挖点人才还不算什么大事，只能算是行业内人才的正常流动；可是现在国外企业都来挖人，那么格力核心技术就有外泄的危险。中层的管理人员从原先的着急变成了恐慌：一是担心自身的工作做得不好，让员工们离心离德；二是害怕格力辛辛苦苦研发出来的这么多专利技术，随着跳槽人员流失到国外。

这时，董明珠还是认为，国外企业来格力挖人也不足为患，她说：“我们现在是从黄埔军校升级为西点军校了，别人来你的企业挖人，表明你的企业是受人尊重的。这些走的人我认为不足为患，这些人不认同我们的文化，我们也不需要惋惜。我坚信格力是一个能够培养人才的摇篮，通过这个挖人事件我认为我们是当之无愧的中国的世界品牌。”

就在美国约克公司来格力挖人不久，全球最大的暖通空调和冷冻设备供应商美国开利公司也汹涌杀到，这回开利公司开出更高的年薪，挖走了格力更多的技术人才。2014年1月，美国开利公司一下子就挖走了格力50多位技术人员，大大超过约克公司挖30多人的规模。

决不妥协

面对这些“朝秦暮楚”“见钱眼开”“与格力文化格格不入”的员工，董明珠只做两点，一是放，二是堵。

“放”，就是格力不挡着自己培养出来的员工的财路，也不高薪聘请人才回来。董明珠说：“格力的科研人员全是大学毕业入职后慢慢培养出来的，我们从不高薪聘请人才。格力的技术骨干和中层干部60%都是80后，他们是格力年轻一代的佼佼者，但有谁因别的公司开价高想跳槽，公司不但不会拒绝，还会开欢送会送行。”

“堵”，就是格力尽可能提高员工的待遇水平，堵住员工的二心。格力电器一线工人年薪一直远超行业的平均水平，年终奖发放标准也随公司发展而逐年提升。此外，格力电器还为员工提供众多福利和津贴，像养老、医疗、失业、工伤、生育等保险，用餐补贴、住房补贴、节日慰问金、中晚班津贴、工龄津贴、保健津贴、高温津贴、特殊工种津贴、教育费用报销等福利数不胜数。此外，“堵”，还包括格力坚决堵截员工“吃回头草”。董明珠说：“跳槽的人想回来是不可能的。一个眼里只有钱、朝三暮四的员工不是好员工，好岗位只留给忠诚的员工。”

2014年，有一家国内知名家电企业的领导，带一个由猎头公司和职业说客组成的“豪华班子”到珠海格力总部附近驻扎，他们志在必得，想要偷偷挖光格力的技术专家和高级管理人员。董明珠闻讯后，决定将计就计，迅速做好了严防死守的部署，在格力总部实施“全城戒严”。结果，这个家电企业苦苦钻营几个月，还是没有挖到什么像样的人才，最终败兴而归。

董明珠说：“一个企业到另一个企业挖人，那么一定是这个企业有东西值得他去学，他才会到你这儿来挖人，而我们对挖人的态度非常坚决，决不妥协，因为我们有过这种教训。你若是像足球球员公开转会一样，我们无话可说，但不要这样偷偷摸摸来挖人。对于偷偷摸摸挖人的行为我们是非常痛恨的。”

格力研发出了这么多专利，靠什么？一靠重金投入，二靠人海战术。如果对于挖人企业不加以制止，格力势必会吃大亏。据了解，格力每年研发投入达40亿元。格力目前拥有8000多名科研人员，平均年龄只有29岁，正是他们为格力创造出了1.4万多项技术专利。仅2014年，格力申请的专利就有4000多项，平均每天有11项专利问世。据保守计算，格力每年在每名科研人员身上单是科研经费就要花上50万，还没有算上他们的年薪，如果以一线员工能拿10万年薪来算，格力每年在每名科研人员身上要花60万元。董明珠说：“我们每年投入几十亿培养人才，培养一个人才需要五到十年，我培养的人要挖走可以，你要给我钱。”

五到十年，格力用几百万的真金白银培养出来的人才，在一天之内就可能被挖人企业用几十万的年薪挖走，所以格力开始反击，并希望

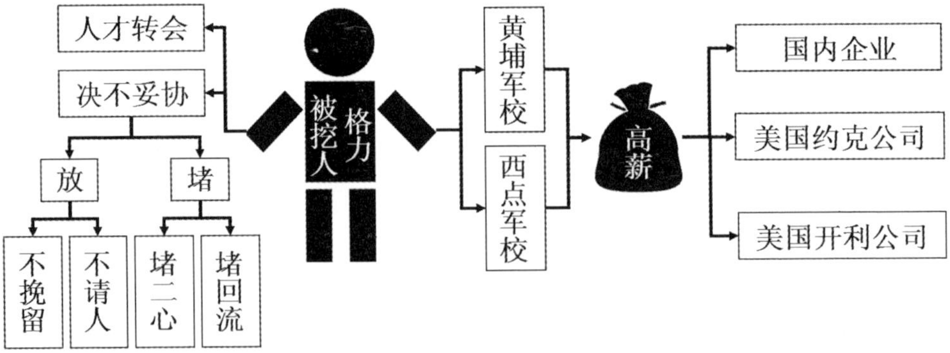

格力被挖人

能像足球球员转会一样，公开进行“人才买卖”。

最近几年，格力电器的技术研发人员被挖无数，已成为格力发展征途中的隐形炸弹。在2015年6月的股东大会上，董明珠也表示出了自己的担忧：“格力遇到的最大的问题就是被挖人，2014年格力就有600多名技术人员被挖走。现在格力被挖人的速度，已经超过了培养人的速度！”

企业挖人原本属于正常行为，但挖人企业如果聘用了格力未解除劳动合同的员工，则是不合法的。如果格力被挖走的员工还带走了格力的商业机密，则构成了不正当竞争。这也是格力最为担心的地方。

经过多年发展，格力已发展成为空调界的著名“军校”，培养了一批又一批行业顶尖人才。格力不仅为国内空调企业输送了大量专业型人才，也为国外空调企业输送了为数不少的国际型人才。所以，格力既是中国空调界的“黄埔军校”，也是全球空调行业的“西点军校”。这些军校培养的是军事指挥官和将才，而格力培养的却是行业精英、发明帅才和营销干将。

董明珠走过的地方不长草?

“桃花过处，寸草不生，金钱落地，人头不保”，玉面桃花春三十娘出场时，桃瓣纷飞，绿草蔫枯，生灵逃遁。《大话西游》里面描绘的女魔头，恐怖至极：她香肩上有个桃花印，见者必死；她在杀人前喜欢将铜钱放在人的头上，一旦头动钱落，顷刻间她目露凶光、挥袖使法，让人尸骨无存。这就是虚构作品中女妖精的“狠”，而在现实生活中，也有一个“狠女人”，那就是商界传奇人物董明珠。有人说“董明珠走过的地方不长草”，那长什么?

狠劲：水至清而有鱼

2013年7月20日晚，星光闪动，书香浓郁，青年朋友们济济一堂。董明珠身着蓝白相间长裙，来到央视青年电视公开课《开讲啦》节目现场。董明珠在完成《女人，对自己狠一点》的主题演讲后，进入了轻松的提问环节。

期间，有青年朋友问：“外界把你描述成女魔头，你是高兴还是难受呢？”

董明珠微笑着说：“我觉得一个人应该正确地去看别人对你的评价，有一点需要坚持的是，我做的对社会、对别人问心无愧就够了。

一个有个性的人，肯定有一部分人反对你，因为你把这些人的既得利益给拿掉了，所以他们一定会恨你。”

“如果说你走过的地方不长草，那么应该长什么？”后来，央视主持人撒贝宁又追问道。

“我们走过的路不能让它长草，我们要让它长稻子，产粮食！”董明珠莞尔一笑。

董明珠为格力电器这样一家千亿级家电航母企业掌着舵，如何让自己走过的路稗草死绝，重新长出稻子、变成粮食？这不仅需要“狠劲”，更需要“智慧”来进行管理。

董明珠管理的狠劲，主要表现在军事化管理、严格坚守原则、对内部腐败零容忍。

在格力内部，董明珠推崇军事化管理。有一次，她把公司的管理人员拉到部队里军训。这些平时以车代步、终日与空调为伴的管理人员，一下子就进入了炼狱般的生活——白天毒辣骄阳向他们吐露火舌，晚上亚热带的大蚊子操着针尖似的口器，刺穿他们的皮肤，吮吸他们的血。在“鸟不拉屎”的艰苦海岛上，没有什么待遇可言，全靠临时学来的野外生存技能生活。通过这样的军事化训练，格力管理人员的心灵经历了洗礼，他们的意志经受住了挑战。

董明珠说：“这种军训可以让格力人去感受我们的战士在和平年代是如何保家卫国的，特别是海岛上的战士，岛上很孤独，但是他们都能坚守在那里。”

董明珠认为“上司就是上司，没有男女之别”，上司传达下来的工作目标和管理制度，员工无论在什么情况下都要坚守原则、严格执行，不得因人而异、因时而变。董明珠说：“管理只有一种，就是制度。我就是要做到水至清而有鱼！浑水摸鱼，永远不能建立一个大家公平竞争的机制。我们说的水清有鱼，是指只有水清了才能看到哪条鱼是健康的，哪条是生病的。”

格力的管理制度中有一些安全制度和诚信制度，谁要是违反相关规定，轻则处罚，重则开除。有一次，一位员工在上班期间陪家人去看病，正好董明珠打电话过来：“你在干什么？”那个员工心中一惊，自己在上班期间偷偷开溜，现在请假是先斩后奏，违反了相关制度，不如先蒙混过去再说。该员工想了一下回复说：“我在陪客户！”

可是，董明珠从电话那边的语境迅速判断出那不是陪客户的情形，然后她就严厉追问道：“老实说，你在干什么？”

“董总，对不起，我刚才说谎了，我正在陪母亲去看病。”该员工只能老实交代。

“好。回头再处理！”董明珠挂了电话。

不久，处理结果出来了，该员工虽然很孝顺，但没有事先向上司请假，在上班期间擅自离岗、陪家人出去看病，还谎称自己正在陪客户，严重违反格力诚信制度的相关细则，最终这名员工只能卷铺盖走人。

临走前，这名员工很后悔，就因这样一个小小的不诚信就离开了格力。可是，天下永远没有后悔药。古训有言“慈不掌兵”，如果将军对一个士兵仁慈容忍，就会引来所有士兵的挑衅，势必导致军威荡然无存、战事岌岌可危。

企业内部腐败，犹如在潮湿环境中野蛮生长的苔藓，它们可以腐蚀石壁，吞噬森林，破坏企业的健康肌体。对此，董明珠可谓是零容忍。正如华为创始人任正非所说：“在华为公司的前进中，没有什么能阻挡我们，能够阻止我们的就是内部腐败。我们还要避免管理者的孤芳自赏，自我膨胀。”

有一次，有个博士毕业生来到格力工作。很多领导都非常重视这样的高端人才，给他配车、分房，让他拿最高的年薪，还让他带一支研发队伍。可是，后来这个博士毕业生带的队伍逐渐出现了问题。首先，这支研发队伍里的大学毕业生、一线技术人员都不听博士毕业生的使唤，也不想干活了。其次，这个博士毕业生也不管什么研发不研发的，只要有材料供应商过来，他就请他们到房间里，把门一关，“研究”用不用供应商的零部件。

这个博士毕业生怎么“研究”呢？原来他要看供应商的表现。供应商的表现是什么呢？不是质量好不好，也不是价格低不低，而是你给我多少好处。只要好处多了，他就有权力说产品符合质量要求；如果好处给得不到位，他就会说产品不符合质量要求。后来，他所带的基层技术员上行下效，千方百计想捞点好处，于是开始有人请基层技术员吃饭，请中层技术员去唱卡拉OK，对于高层的技术员，供应商则直接送购物卡、礼品。

后来，这个博士毕业生“发明”出来一个空调。当董明珠打开时十分震惊，因为她不知道那个空调正在运行的温度是多少度，也不知道它什么时候开了、什么时候关了，只能靠耳朵听外挂有无响动。格力好待遇、好条件供养的博士毕业生，居然这样营私腐败、华而不实，结果董明珠发飙了，这个研发队伍迅速被清理，处理了一批，也开除了一批。董明珠说：“这是腐败，但是更可怕的腐败，是环境的腐败。”

智慧：化强势为关爱

董明珠的智慧，主要表现在善于树立榜样，注意维护员工尊严，想方设法广开言路。

在格力内部，董明珠把所有党员全部亮出来，要求他们必须戴党徽上班，目的是接受群众的监督，起到带头模范作用。很多人来到格力都会发现，这里的员工统一穿着白色短袖衬衫和黑色长裤，衬衫上绣着“GREE”的字样，根本没有办法根据制服推断出员工的级别。但是，人们可以从他们是否佩戴党徽推断出是不是党员。

董明珠说：“尽管我们的生活环境已经很优越了，但是我们不会忘记，还有很多任务去做。现在把党徽一戴，大家都知道你是党员。你的行为就是我们学习的榜样。优越的环境容易让人产生懒惰的思想，所以我就是让他们不要忘记艰苦创业的精神、奋斗奉献的精神。”

从2012年10月开始，格力内部1000多名党员，全部佩戴党徽上班。看着格力人胸前由金黄色镰刀和斧头组成的图案，人们就知道那是格力杰出的代表、光明的象征、榜样的力量。董明珠说：“我们要重塑党员形象，更重要的是要让员工监督你。干部不好，员工才不好。好的干部，往往敢于做‘坏人’；一个事事对你点头的干部，可能正在伤害大多数人的利益。”

对人来说，最重要的东西是尊严。诚然，很多打工者居无定所、朝不保夕，他们最大的愿望就是找到一份能养家糊口的好工作，能够遇到一个尊重他们、关爱他们的好企业。

从基层打工仔成长起来的格力集团董事长董明珠，怎么不知道这些基层员工的心思？因此，她特别注意在细节上尊重员工。自从董明珠出任董事长后，她就要求管理人员绝对不能对基层员工直呼“打工仔”。董明珠说：“在我的单位禁止说员工是打工仔，因为每个人都是有尊严的。”

除了口头上尊重员工之外，格力还在行动上尊重员工。多年来，格力投资几亿元自建了员工生活区，为员工提供令人艳羡的住房福利：

每位一线工人都有一居室，结婚后可以住两房一厅。如今，在高房价时代，很多员工无力购买自己的房子。为此，格力分配给成家立业的员工两房一厅，给他们创设了独立私密空间，他们每月仅交几百块租金及管理费就可以了。由此，员工的幸福感和满足感不断增长。

董明珠说："我为什么要这样做？我要让8万人找到家的感觉。格力为了别人创造也好、改变也好，这些人会感恩和回报格力。格力在制度建设、工作要求中，没有任何可以调节、妥协的东西，但是在生活上，格力可以关爱他们，让他们觉得这是一生安全的避风港，这样格力就会更加有竞争力。"

俗话说："林子大了什么鸟都有。"拥有数万人的格力集团在2001年出现了罢工现象。当时，董明珠是格力销售公司总经理，组织了"紧急应对会议"。会上，有管理人员抱怨说："现在的员工太难管，整天不好好工作，还仗着人多动辄惹是生非！我们应该……"

"现在的情况并不是你想象的那样！员工是很可爱的，他们没有权力，他们是被动的，而我们的干部是风，干部的风往哪里吹，那些草

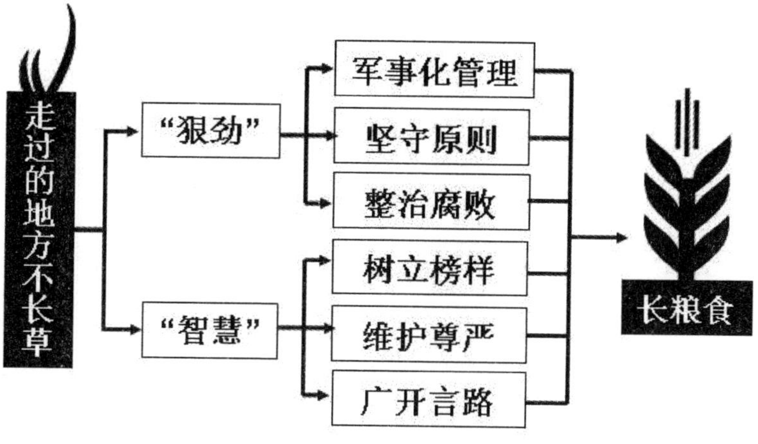

董明珠走过的地方不长草？

就往哪边倒。我们公司出现一些不好的现象，原因来自哪里？根本就在于我们的干部队伍出了问题。”董明珠说完，扫了干部们一眼，她的目光像把利剑，冰冷而犀利，让那个“煽风点火”的管理人员把刚才想说的话全部咽了回去。

后来，董明珠一方面广开言路，请员工代表进来，说明现实情况，合理解决诉求；一方面进行干部作风整顿，让他们听听真正来自一线工人的声音。当时，董明珠发现总经理信箱都摆在厂长办公室的门口，知道谁也不敢去投诉。因为谁放了投诉信，总经理、厂长都知道，很快投诉的员工就会被炒掉。

后来，董明珠把厂长办公室门口的总经理信箱废了，在食堂、厕所、墙角等人们看不见的角落，全部挂上总经理信箱。结果，最高的时候收过700多封的投诉信。然后，董明珠根据这么多封投诉信，找出格力的差距、问题，不断进行自我调整、改进和变革，最终练就了一支优秀的干部队伍。

管理单靠狠劲是不行的，还需要一定的智慧。狠劲可以在短时间内达到立竿见影的效果，但是唯有智慧才能维系长期的、幸福的、和谐的工作环境。左手狠劲，右手智慧，最终形成了董明珠独特的领导风格，那就是“霸道中富有关爱，铁骨中带有柔情”，最终让“可恶的稗草”（贪腐、作风不正、不诚信形象）无生存的土壤，最终让格力长出了稻子，盛产了粮食（有市场、有春天、有奔头）！

具有奉献精神和挑战精神的领导者

4月的北京，繁花似锦，又有无数的北漂涌进北京城。街道上不时传来摇滚歌手汪峰唱的歌曲《北京北京》："我在这里欢笑／我在这里哭泣／我在这里活着／也在这死去／我在这里祈祷／我在这里迷惘／我在这里寻找／也在这儿失去／北京，北京……"

北漂一族确实很辛苦，生活的酸甜苦辣都要一个人扛。相对北漂一族而言，格力的董明珠可谓是南漂一族，她从南京来到南方大城市珠海，经过20多年的奋斗终于成就了自己的传奇人生，从基层业务员成为格力董事长，证明了打工也能做到亿万富豪！

"劳模军团"

2015年4月28日，全国劳动模范和先进工作者表彰大会在北京隆重举行，国家主要领导人出席了表彰大会。董明珠可谓是表彰大会上的闪耀明星，因为她刚刚在人民大会堂被授予"三八红旗手标兵"荣誉称号，接着又被授予"全国劳模"荣誉称号。一位女企业家在一天之内连续获得两个国家级荣誉称号，真可谓凤毛麟角，这充分说明国家对董明珠在社会主义建设事业中所做出的重大贡献给予了充分的肯定。

当天，面对媒体时，董明珠高兴地说："荣誉的获得是对企业的肯定，也是对我个人的鞭策。无论是否获得荣誉，都不会因此减轻自己的责任。总要有一些人通过无私奉献，为别人带去更多的便利，带给他们生活的变化，就像共产党解放了全中国，曾有那么多无名英雄、烈士默默无闻地奉献。同理，做企业就要坚持自主创新，强调原创性，以对消费者负责的精神，着力于用创新改变世界、服务全人类。"

多年来，董明珠一直在践行她的"劳模"理念，并在格力内部培养和带动一批"劳模军团"。是劳模，就要讲求社会责任。

在科技创新方面，董明珠十分重视绿色环保和可持续发展，她先后带领格力研发团队研发出了无氟空调、变频节能空调、不用电的空调。除了研发高端绿色环保空调之外，董明珠还向电子垃圾宣战。从2011年开始，格力电器就投资数十亿元在全国设立了5个再生资源公司，这些公司主要从事废弃电器电子产品回收，并通过技术设备对其进行环保处理再利用。董明珠说："这是对产品生产责任的延伸，格力不仅对它的生负责，也对它的死负责。"

在公益方面，董明珠也是身先士卒，董明珠曾经将自己撰写自传的稿费全部用于修建希望小学，做起了教育慈善。至今，格力电器已在各地捐建了十多所希望小学，如贵州平浪希望小学、安徽安庆潜山青楼中心小学、江西上犹格力希望学校……并在山东大学、北京师范大学珠海分校等大学设立了奖助学金。在董明珠的影响下，20多年来，格力电器向社会捐款捐物累计超过1亿元。

董明珠平时有多忙？董明珠解释说："一般人一进公司的门，一出公司的门，可以准确算出工作多长时间。但对我来讲，不存在进公司和出公司的概念，只要心里系着这个企业，什么时候都在工作。"

心系格力，兢兢业业，工作不分时间和空间，这就是董明珠的工作态度。后来，董明珠通过一系列改革和调整，完善了格力的企业管理制度，总结出12字管理方针，那就是“公平公正、公开透明、公私分明”。这12字管理方计，就是格力管理之魂、百变之根，也是格力所强调的“工业精神”。同时，董明珠还明确了格力每个阶段的目标，明确责任，落实到人，最终带动了一大批格力人、“劳模军团”，众志成城、日夜兼程，不断为再造格力而战、为技术创新而战。董明珠说：“我在格力20多年没有休过假。我出差有半个月、20天的时候，出去了也不影响企业的运行，这是目前格力很大的亮点。过去，很多干部不知道自己应该干什么，现在大家清楚了，我要做什么，我必须做什么，这是一个很大的变化。”

就在2015年4月28日这一天，董明珠除了获得两个国家级荣誉称号，还平添一喜，那就是格力电器慷慨分红90亿元，回报大小股东。这是家电界最慷慨的分红，无数投资者欣喜若狂，对于格力电器股票愈加追捧。

作为格力电器的股东之一，董明珠也是此次分红的受益者，理论上她要分得6000多万元。据格力年报显示，2014年董明珠实际所得报酬为419万元，这次分红所得的6000万元相当于董明珠14年的年薪。出于对自己经营企业的信任，从2014年3月开始，董明珠就不断对格力电器进行增持，如今其手握格力电器股票的总市值已接近12亿元。

无论从社会贡献方面，还是账面财富上，董明珠都成为了传奇人物。为什么很多北漂一族、南漂一族，十年过去了，甚至几十年过去了还是漂来漂去、一事无成？也许因为他们身上缺乏两样重要的东西，那就是奉献精神和挑战精神。

有些打工者逃避家庭、逃避社会、逃避责任，奉献精神很差，他们妄想投机取巧、一夜暴富，不愿像“劳模”那样踏踏实实从头做起。有些漂泊打工者，抗压能很差、没有丝毫挑战精神，他们终日心猿意马，到处跳槽，遇到问题总是抱怨企业不好、老板不好、形势不好，不愿挑战自己、挑战困难，最后到行将就木之时才悔之晚矣。

董明珠与他们不同，虽然她是南漂一族，但是她从一而终，一头扎进格力电器，一干就是20多年，为企业无私奉献，不断挑战自我、挑战行业，最终成为格力的领导者。董明珠曾经这样进行自我评价：“我是一个始终具有奉献精神和挑战精神的领导者。”

培养接班人

2015年“六一”儿童节当天，格力电器股东大会上掌声雷动，群情振奋，董明珠再度当选为格力电器新一届董事会的董事长。至此，董明珠已连任格力电器两届董事长，前一次的任期是2012年到2015年3年，这一次的任期是2015年到2020年长达5年。在新任期内，除了走多元化路线、再造格力之外，董明珠还需要做的一件重要的事情，那就是物色和培养接班人。

要想在短期内找到兼具奉献精神和挑战精神的领导者，确实有点难度。现在格力电器已成为行业领导者，部分员工有房有车，已经不像过去那么拼命了。董明珠的一位下属曾经伤心地说：“现在，很难找到一个像董明珠这么无私和投入的人了。”

从高管中提携，生怕“知人知面不知心”；从基层中慢慢培养则需要“旷日持久的工夫”，生怕格力等不起。对于物色和培养接班人，董明珠也有些为难，她说：“有些人现在看起来可能很好，但掌权之后可能就不一样了，现在你是看不到的。怎么找一个知足的，甚至愿意为了企业付出一生的人，真的很难，这是最大的问题。”

最后，董明珠认为还是走自己的老路最为靠谱，从基层长期培养。董明珠说：“2001年我就做好了退休准备，当总经理那天我就开始培养人。我们要对格力空调负责，要对股民负责。”

从基层挑选培养对象，需要什么标准呢？董明珠说：“我对接班人的要求有三点：一要忠诚，二要有奉献精神，三要讲诚信。如果这几个最基本的要素不具备，他的能力再强，对企业来说可能是埋了一个定时炸弹，我在格力倡导的文化就是‘忠诚’”。

现在，董明珠勇于担当，独挑大梁，身兼格力集团董事长、集团旗下上市公司格力电器的董事长及总裁三职。格力电器的销售收入占了格力集团总收入的98.2%，格力地产（后拟从集团剥离出去）的收入约占格力集团收入的1.6%，所以董明珠的工作重心还是放在格力电器上面。

有一次，董明珠环顾了一下身边的高管，说：“这些人都会参加‘赛马’（最终决定谁是接班人）。”“这些人”一般可以认为包括格力电器主管质量的副总裁庄培、主管财务的副总裁望靖东、分管中央空调业务的总裁助理兼副总工程师张辉、分管家用空调业务的总裁助理兼副总工程师谭建明，还有主管技术和生产的副总裁黄辉、主管安全的副总裁陈伟才等人。这些人当中，有的在格力默默耕耘了十几年，有的做了十几年的“管家婆”，有的带领技术团队攻克过无数难关，有的是总工程师产学研经验丰富，有的从公务员队伍跳槽而来。

面对这么多高管，这么多选择，董明珠认为还需要长期“赛马”才能见分晓，因为“路遥知马力，日久见人心”。以前是老领导朱江洪与女强人董明珠巧妙配合，打下了格力的“万里江山”，现在是“劳模”董明珠一边带着高管团队“赛马”，以便挑选千里良驹、接班

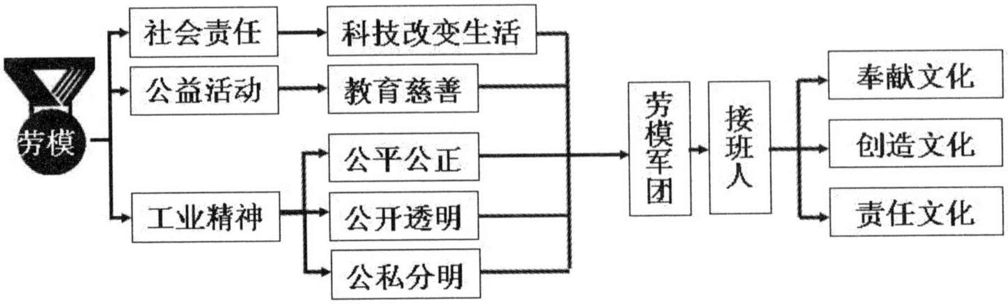

从劳模领导到“劳模军团”

人，一边领着格力数万人的“劳模军团”继续向前去。可见，董明珠身上的担子和责任仍然比较重。

如果找不到接班人怎么办？董明珠认为接班人的任期是有限的，而格力的文化却是无限的，实在找不到接班人，就让格力文化带格力走下去，直到一百年。董明珠说：“企业文化建设里最重要的一点就是人才的培养，因为一个百年企业不是一代人、两代人能够实现的，如果因为某一个人的退休离开，这个企业就没有了，或者面临一种困境，发展得不好，那证明这个人也没有战略眼光。”

文化可以超越一项项创新技术，也可以超越一代代进取的接班人，那么格力的文化是什么？董明珠说：“有人讲格力电器就是董明珠的影子，当然作为一个领导来讲，如果你没有思想，你不能影响一个企业，不能激活这个企业，那要你这个领导干什么？不管怎么样，企业都有他的烙印，格力的烙印就是奉献文化、创造文化、责任文化。谁都会讲责任和奉献，我觉得我们格力是很讲奉献的。”

要知道，华为推出的轮值CEO制度、阿里巴巴执行的合伙人制度，首先要求轮值的CEO高度认同企业的文化，格力也不例外。董明珠认为，未来通过“股东大会”等形式选举出来的自己的接班人、格力的新领导者，必须高度认可格力的奉献文化、创造文化和责任文化。

第6章

超越空调：格力不知不觉地多元化了

格力电器会在家电行业永远领跑世界，而且在做好专业化的基础上，已经实现多元化。

——董明珠

格力商城+专卖店=零距离服务

近几年，电商风起云涌，激起无数惊涛骇浪。在综合电商杀阵中，亚马孙如大鳄般抢滩登陆直邮中国，阿里巴巴则是蛛网盘结不断扩充其全球生态系统，京东机器狗则在大街小巷来回奔走送货，还有万达电商上演着土豪式逆袭和疯狂式颠覆。在家电界垂直电商棋盘中，国美在线和苏宁易购相互攻伐、火光四射、激战正酣，而姗姗来迟的格力商城，也欣然加入了电商立体战，与海尔商城直接过招。

"佃商"翻身做"电商"

2015年3月，格力电器正式宣布其官方电商平台格力商城（mall.gree.com）上线。就目前的情况分析，格力商城具有"B2C＋O2O"的特点，B2C（企业对用户）就是格力电器直接在网上向用户销售相关产品，O2O（线上线下相结合）就是线上的商力商城＋线下的格力专卖实体店，为消费者提供更加便捷、快速、零距离的消费体验。董明珠说："格力把几万家专卖店和线上结合起来，可以说是最完美的一种结合，有了这样的结合，下面可以对消费者进行零距离服务。"

为了方便大家了解格力商城的特点，下面将格力商城和海尔商城进行一番比较（如下表所示）：

	格力商城	海尔商城
域名	官网上的二级域名：http://mall.gree.com/	独立域名：http://www.ehaier.com/
模式	B2C+020模式：企业对用户网上直销、线上商城和线下专卖店相结合。	虚实融合模式：虚网（互联网）创造用户资源，由实网（海尔线下千家以上销售服务中心）提供即买即送的产品和服务。
流量	日均IP2万多，日均PV10万多。	日均IP1万多，日均PV6万多。
产品	销售格力全系列家电，包括家用空调、TOSOT生活电器、空气能热水器、晶弘冰箱、家用中央空调等上千种产品。	销售海尔全系列家电，包括冰箱冰柜、洗衣机、彩电、空调、热水器、电脑、厨房电器、生活小家电、手机数码等上千种产品。
配送	采用第三方快递公司作为物流配送方。	主要依托海尔集团旗下日日顺物流公司，以及全国两千多家售后服务商提供送货安装一体化服务。

相较之下，格力商城和海尔商城各有千秋，两者的产品种数和运营模式差不多。只是海尔商城是拥有独立域名的电商，向电商转型更加彻底，物流配送方面海尔旗下拥有专业物流公司负责配送，服务时效更好控制。格力商城目前虽然是捆绑在其官网上的二级域名，但是可以充分享受官网的超级流量，在日均IP、PV方面，格力商城均优于海尔商城。这主要是因为格力在全国拥有几万家专卖店，而海尔仅有一千多家销售服务中心。如果格力每个专卖店的店员每天浏览一次格力商城，那么这个流量就已经很大了。

相比其他家电企业，格力的电商之路发展并不快，可以说落后了几年的时间。在电商渠道风口最盛的2012年，董明珠出任格力电器董事长，当时格力电器正在大力发展实体店，无暇顾及电商。后来，在天猫商城上尝到甜头之后，格力才义无反顾地走上电商之路。

2013年年底，格力在阿里巴巴旗下的天猫网上商城开设了旗舰店，抱着试一试的态度做起了“佃商”（租用第三方电商平台运营）。在2014年“双十一”期间，格力首次参加天猫的网上大促销活动，结果销售惊人，当时格力空调销量近5万台，销售额1.4亿元，在空调类产品中销量排名第一。

随后，格力一发不可收拾，先后在京东商城开辟格力空调销售专区、在国美在线开设北京格力旗舰店，续而推出格力商城，真正摆脱“佃商”身份，翻身做了真正的电商，最终形成了一个电商官网+诸多“佃商”平台的“电商矩阵”。

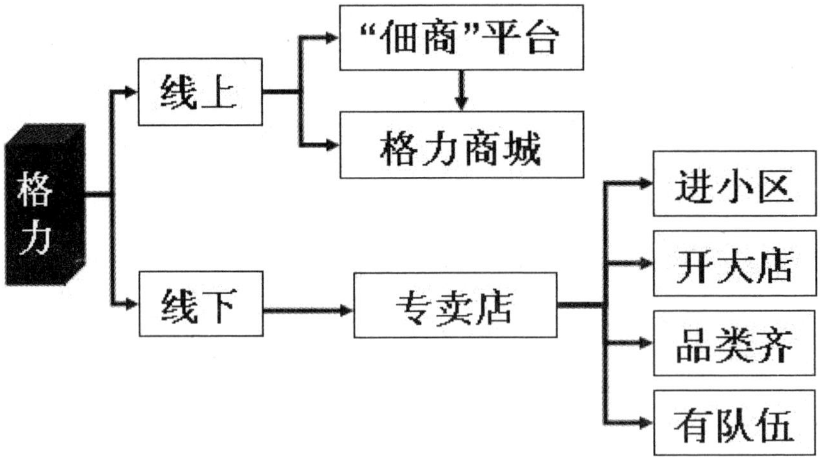

格力从“佃商”到电商

专卖店要进行多元化营销

格力后来居上，他们是怎样做好电商的呢？在2014年全国经销商大会上，董明珠倒出了格力做电商的诀窍。董明珠说："现在已经是互联网的时代，'双十一'我们在天猫上一天就能达到60%的占比，这两年我们一直在酝酿怎么让商家一个都不丢下，但是我们不能因为舍不得我们的过去而不展望未来。那样的话，我们的企业、我们整个队伍就要被社会淘汰，所以我们要跟上去。"

格力线下几万家专卖店如何跟上电商发展的步伐呢？那就是格力在线上经营电商的同时，也督促线下专卖店联动起来。董明珠说："第一，专卖店进小区；第二，专卖店开大店；第三，专卖店不能只做家用空调，要品类齐全；第四，商家要有一支很好的工程队伍。"可见，扩大服务区域、丰富产品种类、提高服务水平是格力专卖店"拥抱电商"的三大法宝。

"专卖店进小区"，就是要不断扩大服务区域，董明珠说："开在家门口零距离接触比网上更近了，这是品牌的需要、产品线的需要，也是消费者的需要，这是进入小区的好处。在线上销售后，我们无非就成了一个安装工，你打个电话来我安装。格力讲究的是诚信文化，电商模式和现在的营销模式没有任何变化。我们现在搞以旧换新，专卖店在这个小区里，人们就可能找到你，但是你不在这儿，你就失去了这个机会。"

"专卖店开大店、要品类齐全"，就是要不断丰富产品种类。众所周知，再大的专卖店也不可能放下格力电器上千种产品，所以线下专卖店离不开网上展示。而网上展示的产品要想尽可能在专卖店里摆出来，好让用户获得直接的体验。所以，专卖店经营者需要审时度势，不断丰富产品种类，推销对路的产品。董明珠说："有一个导购员发现店里来一个消费者想升级风管机。导购员心想，只有推家用空调才有提成，风管机跟我没关系，于是导购就来了句风管机没货，你买家用空调吧。客户说'那我不要了，我就要风管机'。所以，专卖店一定要品种齐全，把导购员培训好，让他们十分熟悉自己的产品，尽可能满足用户需求。"

"要有一支很好的工程队伍"，就是要不断提升售前、售中、售后的服务水平，以专业品质来服务客户，这样更容易获得信赖。这个工程队伍不仅包括安装维修工程师，还要包括网络专家、安全专家。董明珠说："我们的过去就让成为过去吧，在新的时代、互联网时代，我们要重新定位。不仅格力总部的网站，所有的网站平台，在卖完产品以后，均由我们当地的专卖店，我们在座的每一位经销商履行完所有的服务。那你们的收益和格力电器原来的结算没有任何变化，唯一的变化就是你们要把电脑打开，服务要跟上。如果我们把电脑一开，送个单叫你去装，电脑显示什么，你在那头都搞不明白，那就麻烦了。"

做电商是格力开展多元化营销的必然过程，现在格力已经拥有区域销售公司、各级经销商、专卖店、"佃商"平台、格力商城等多种营销方式，打破了原先单一的代理制，开始进入线下代理、线上直销、专卖店跟进服务的新路子。

未来，格力还会与更多商家合作，壮大发展格力的电商事业。董明珠认为，双方合作的基础就是认同格力的诚信文化和共赢文化。董明珠说："大家要跟上我们这个新时代的变化，拥抱互联网。我们格力拥有诚信文化、共赢文化，在家电行业我们始终坚持诚信与共赢。那些忠诚于市场、诚信于消费者的商家，我们肯定会与他们合作。带欺骗性的、以次充好的商家，肯定不是格力的合作对象。"

小家电换标，为了国际化

令人恐怖的北美飓风，从大西洋悄然登陆，那目空一切的风眼犹如一百个龙头合体的怪物在不断盘旋、不断攀升，撕裂一切、粉碎一切。北美飓风通常以每小时280多千米的速度横扫美国、加拿大等地，一时间在昼犹昏，洪水滔天，垃圾浮涌，狼藉不堪。就在北美飓风频发的季节，格力的董明珠也在家电界刮起了一阵“大飓风”。

从北美召回除湿机

2013年9月，格力电器发出公告称，要从美国和加拿大市场召回约225万台除湿机产品。本次召回是因为有部分除湿机产品在使用过程中可能会出现过热、冒烟和起火等现象。产品召回就是指生产商将已经送到批发商、零售商或最终用户手上的产品收回，这可以说是厂商为了防止事态扩大化，及时悬崖勒马、挽回企业声誉的惯用做法。

面对除湿机产品的安全隐患，格力电器秉持“宁可错一万，也不漏过一个”的信念。在美国消费品安全委员会（CPSC）和加拿大卫生部监督、批准下，格力将2005~2013年间在美国和加拿大销售的、存在安全隐患的225万台除湿机产品统统召回。这是中国企业首次公开大规模召回出口美国、加拿大的家电产品，堪称家电界的“大飓风”。据粗略评估，格力电器此次召回的产品金额不到10亿元人民币，并不影响“千亿级企业”格力电器的全球化战略。

除湿机只是格力小家电的一种产品，除了除湿机外，现在格力已经有油烟机、炉具、净水机、电饭煲、抽湿机、净化器、加湿器、电风扇等一系列小家电产品。2004年，格力电器从格力集团手里收购格力小家电75%的股权，开始进行小家电产品研发与销售，依然使用格力品牌进行销售。

后来，格力小家电随着格力电器的国际化路线高歌猛进北美成熟市场。北美（包括美国、加拿大和格陵兰岛等地区）是世界上经济最发达的大洲，其人均GDP超越了欧洲，这里的消费者对于产品的质量安全十分关注。

2011年6月，格力电器与美国Soleus公司共同成立了格力美国公司，不仅销售格力空调，还销售格力小家电。2013年，格力美国公司销售的除湿机被消费者质疑存在质量问题。这时，格力在美国的合作伙伴Soleus公司想分钱跑路，他们不是选择同舟共济而是选择了落井下石起诉格力，并向格力索赔1.5亿美元。

一时间，格力美国公司可谓内忧外患，内忧是合作伙伴的诉讼，外患是除湿机的安全隐患。为此，董明珠当机立断，先解决外患，再慢慢处置内忧。所以，格力电器在收到除湿机产品的投诉后，一方面主动自愿、迅速召回这些除湿机产品，另一方面聘请了专业律师积极应诉。

就这样，格力美国公司的内忧外患总算解决了。

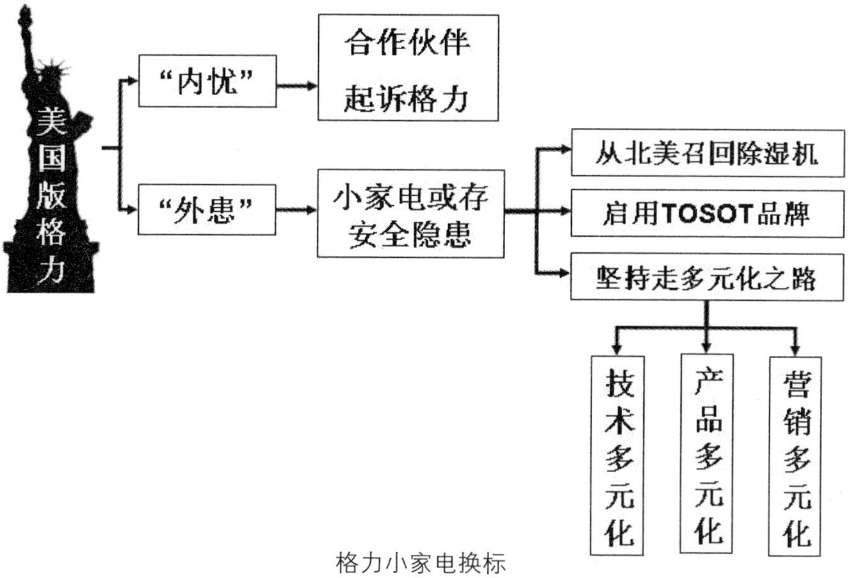

格力小家电换标

换标的底气源自技术多元化

召回事件过后不久，2013年底，格力小家电启动了“大松”（TOSOT）品牌。该品牌由来已久，早在2010年4月，格力电器就注册了“大松”（TOSOT）商标。3年后，2013年4月，格力电器在珠海投资3000万元成立了珠海大松生活电器有限公司，专门负责格力电器的小家电业务。然而，格力小家电的产品依然使用格力品牌，想借助格力品牌的知名度与美誉度攻克海外市场。

后来，格力之所以决定换标，将格力小家电品牌从“格力”变成“大松”，是因为格力小家电的质量达到了新水平，启动自有品牌已是功到自然成的事情。董明珠说：“我们一直没有用大松这个品牌，是因为之前我觉得我们的小家电产品在质量、工艺上都没有达到我的预期，现在达到了，所以我们决定用一个新的品牌来展示和推广这些小家电产品。”

对于小家电换标的原因，有相关人分析称，格力不希望格力小家电影响到格力电器“专业化空调运营商”的品牌形象，因为召回事件对格力品牌产生了一定的影响。其实，并非如此。据格力电器2013年的年报显示，小家电毛利率为15%，其为格力电器创造了7.2亿的营业收入，贡献率仅为1.5%。可见，格力小家电的营收对于格力电器的总营收贡献很小，格力小家电个别产品虽存在质量隐患，但根本无法撼动格力成为空调行业领导者的地位。

由于格力小家电起步晚、发展慢，虽然有些产品的质量符合了国内标准，但并不一定符合国际标准，不可能一开始就靠着“大松”（TOSOT）去打国际市场，特别是经济发达的北美市场。所以，格力小家电还是使用格力品牌，因为格力品牌代表过硬的技术、良好的质量和优质的服务。

经过10年的发展，格力小家电不论从产品种数还是质量水平上都有了长足的进步。所以，董明珠一边召回存在安全隐患的产品，一边启动“高大上”的洋品牌TOSOT，让格力小家电获得了新的发展。现在，TOSOT生活电器已经开枝散叶，研发出电饭煲、电磁炉、电压力锅、除湿机、电风扇、电暖器、干衣机、加湿机、空气净化器、热水壶等系列产品。

在技术质量方面，TOSOT生活电器更加智能、更加安全。例如格力最新的干衣除湿机，就具有极速干衣、强劲除湿智能控湿、6重保护等强劲功能。这6重保护，就是为了进一步提高产品的使用安全而设置的，包括压缩机保护（设定系统自动平衡控制，对压缩机开、关机起到保护作用）、水满保护（溢水自动停机报警系统）、防冻结保护（自动开启化霜功能，霜化之后，自动切回除湿状态）、缺氟保护（系统缺氟、压缩机不工作等异常情况下，能及时监测并报警提醒报修）、过载保护（压缩机负载自动监测报警系统，同时对温度和电流实施智能检测）、过流保护（温度湿度过高或电压过低、电流过大等情况下，会自动进行保护）。这些自动监测、智能报警、安全保护系统，在最大限度上保护了消费者的人身安全。

有了这些智能化技术和安全保障，所以董明珠才更加坚定、更有底气地让格力小家电启用了“大松”（TOSOT）品牌，继续扬帆海外市场。董明珠始终认为技术是国际化的核心，她说：“一个产品、一个产业真正能够国际化，支撑它的是一个国际化的品牌，就是用它的产品技术、质量和服务来确认它是否是国际化品牌。而不是说你在世界各地有工厂，你就是国际化，那个是简单的国际化。深层次的国际化一定是优质的产品、现代的高端技术、超越你同行技术的产品，同时还有优质的服务、对消费者负责的态度。如果没有这些，简单建个厂、出点产品，不能说是真正的国际化企业。”

正是由于格力对消费者高度负责、不把用户当试验品，所以他们果断召回了北美几百万台存在安全隐患的产品，随后通过换标，销售技术含量更高、更智能、更安全的产品。可见，技术是国际化的核心，也是多元化的核心。如果格力电器没有技术的延伸、技术的多元化，就无法研发出TOSOT生活电器这么多类产品，也无法在国际市场改变什么。由此，我们可以看出格力的多元化，先是技术的多元化，然后是产品的多元化，最后是营销的多元化。

晶弘冰箱，剑指中国第一品牌

2013年9月，格力董事长董明珠代言的晶弘冰箱广告在央视《新闻联播》和《焦点访谈》的黄金时段播出。在广告片中，人们看到董明珠一袭长裙，极富科技感，她站在晶弘冰箱旁边，说道：“科技改变生活，我是董明珠，晶弘冰箱，美食家的冰箱！”可见，格力的产品多元化并不止步于小家电，他们又开始销售晶弘冰箱了。

利用渠道引进的新品牌

晶弘冰箱和格力电器是什么关系？为什么董明珠要为其代言，还要在格力商城和全国几万家格力专卖店销售这种冰箱？对此，董明珠说：“格力电器掌握核心技术，可以用更好的方式让别人共同享受科技创新的成果，这是我们与晶弘冰箱合作的重要原因。我们是专业化，又不愿意跨行业，核心技术出来了以后，又能让别人共享。我代言的目的，是因为晶弘冰箱和格力电器是同样追求品质的企业，晶弘冰箱是冰箱行业唯一承诺消费者两年免费包换的。”

格力电器与商家合作的前提就是，商家要认可格力的诚信、共赢文化。2012年2月，格力电器曾经推出“变频空调两年免费包换”的政策；同年9月，晶弘冰箱也在合肥发布行业首个“冰箱两年免费包换”

政策。同样是讲究诚信文化，同样是讲求对消费者的负责精神，所以双方有了良好的合作基础。此外，晶弘冰箱还使用了格力电器的压缩机技术，就这样晶弘冰箱和格力电器走向了渠道合作，所以董明珠为其代言也是水到渠成的事情。

晶弘电器在2006年成立于合肥，发展之初与格力当年一样，同是靠贴牌代工起家。在2010年完成资产重组之后，晶弘电器开始走上自主品牌之路，将产品定位于中高端消费者身上。2011年，晶弘电器开始与格力电器合作，在格力专卖店销售其产品。

由于格力技术一流，所以晶弘冰箱的显示板、软件、压缩机等技术均来自格力，从此格力电器既是晶弘冰箱的零配件供应商，也是晶弘冰箱的渠道商。从股权上，晶弘冰箱和格力电器没有任何资产关联。董明珠说："晶弘跟我们没有任何的资产关系，我们是技术输出，他们的核心部件是我们制造的，这是最有价值的，并不影响我们专业化的形象，因为我们掌握了上游的核心技术。"

董明珠被誉为"商界铁娘子"，是极具影响力的传奇人物、商界明星，为这样的新兴冰箱代言，有无代言费呢？董明珠笑着说："目前没有代言费。我认为，从很规范的要求来讲应该有，但这个代言费不归我个人所有，要么拿去捐赠做慈善，要么归还到格力电器。"

"利用渠道引进新品牌"，是董明珠进行产品多元化的重要手段。很多家电企业，特别是新兴的家电企业都垂涎格力几万家线下专卖店。如果新兴家电企业能与格力电器在渠道方面达成合作，则可以省去在国内外"跑马圈地"的大量时间和成本。此外，由于电商的冲击，格力电器的线下专卖店也想进社区、开大店，所以需要更为丰富的产品，很显然，目前的专卖店仅销售格力空调、"大松"小家电、晶弘冰箱还是不够的，未来还需引入更多白色家电、黑色家电、米色家电和新兴的绿色家电的名优品牌。因为每一种产品都有它的销售旺季与淡季，所以格力专卖店里的产品越丰富，其店面的营收就越能稳定增长。格力专卖店的营收稳定增长，最终会为“再造格力”奠定基础。

从格力电器与晶弘冰箱的合作，我们分析出别的家电厂商要想与格力电器在渠道上合作，起码要达到两点要求：一是家电厂商要高度认同格力的诚信和共赢文化，在经营理念上没有冲突。二是家电厂商要运用格力的核心技术，实现让科技改变生活的承诺。如果不具备这两个条件，家电厂商是很难与格力电器达成合作的。

晶弘冰箱与格力电器合作之后，销量怎么样？众所周知，家电的销量不仅要靠良好的销售政策，还需要有较高的技术含量。

先说销售政策。我们知道，家用冰箱一般都是24小时插电，属于易消耗的电器。市场上不少品牌只能做到1个月包换、1年保修，而格力销售的晶弘冰箱却实行了“两年包换”政策，开创了行业先河，也大幅提升了冰箱的服务标准。只要消费者买回家的晶弘冰箱出现了开箱不制冷、漏电、内胆开裂、系统内漏、压缩机故障、箱体明显收缩、内胆脱粘、门体明显收缩等问题，都可以更换新产品。

晶弘冰箱的这些销售政策，很显然是“偷师”格力空调的销售政策。早在2005年，格力电器就率先实施“整机6年免费保修”政策，当时引发了全行业的跟进。2011年3月，格力再开行业先河，推出“变频空调一年免费包换”政策，后来在2012年2月格力再次推出“变频空调两年免费包换”政策，并长期执行下来。董明珠说：“‘变频空调两年免费包换’政策形成长效的运行机制。今后，我们将继续对自身产品提出严格要求，推动行业技术和服务升级，为消费者带来更多的实惠。”

再说技术水平。晶弘冰箱由于引进格力电器的很多创新技术，所以具有了瞬冷冻、智能ECO（生态产业）、变频风冷无霜、光合保鲜、橙色LED（节能）果蔬室、光触媒抗菌除臭保鲜、自动制冰盒、折叠搁架和升降搁架等功能。其中，瞬冷冻功能是晶弘冰箱独创的保鲜秘籍，运用了微粒子冻结技术，使食物里的水分零下5度不结冰，最后瞬间冻结并使水分均匀结成圆润的冰晶微粒子，不形成冰针，也不刺破细胞壁，完整锁住食物营养，从而保持食物的原汁原味。这是普通冰箱所不能达到的冰冻效果。

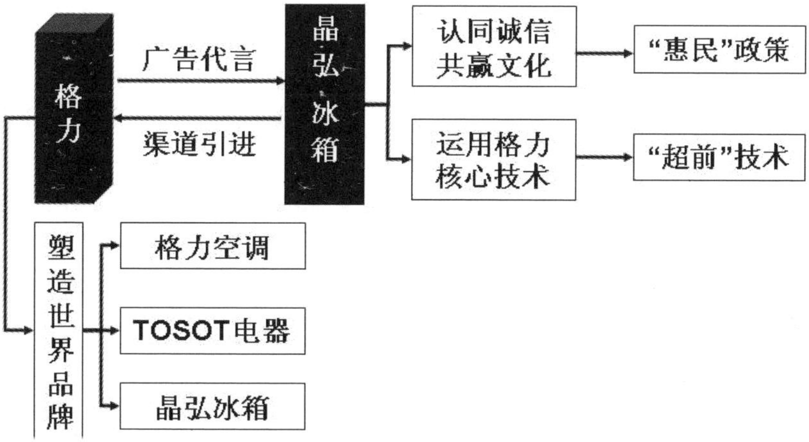

晶弘冰箱与格力合作

格力销售的晶弘冰箱，正是因为具有了惠民的销售政策和超前的技术水平，所以销量实现了逆势增长。目前，格力电器由格力的全国总代理商——北京盛世恒兴格力国际贸易有限公司负责销售，在2013年8月~2014年7月期间，晶弘冰箱的销量高达150万台左右，同比增速约20%。这样的销售成绩，对于刚成立几年的新兴家电企业来说，可谓奇迹中的奇迹。

塑造3个世界级品牌

对于晶弘冰箱与格力电器在渠道上的蜜月般的合作，有一些业内人士开始表示担心，他们认为晶弘冰箱不仅要自创品牌，还要自创渠道，因为目前晶弘冰箱单纯借助格力电器的销售渠道（包括线上平台和线下专卖店），其独立生存能力还是比较差，一旦没了格力的庇佑，很可能会迅速退出市场。

其实，这种担心是没有必要的，因为董明珠要把晶弘冰箱当成自己的“第三个儿子”，要将其打造成中国第一品牌。董明珠说：“晶弘冰箱一天耗电两毛钱可能在行业里也是最低的，你别讲什么一级二级能耗，那是个模糊的概念。我直接告诉你我耗的电多少钱，这是最节能的。我相信晶弘冰箱用3年的时间可以成为中国第一品牌。我们准备塑造3个世界级品牌，分别是格力空调、TOSOT（大松）生活电器，还有晶弘冰箱！”

客观地说，晶弘冰箱虽然在市场上没有海尔冰箱、西门子冰箱这样大牌，但是其节能技术已经达到很高的水平。多年来，格力就是靠着“变频节能空调”“不用电的空调”横扫市场，成为了行业领导者，现在晶弘冰箱也要依葫芦画瓢，大打节能牌，让“晶弘冰箱一天耗电两毛钱”！这样节能又大气的冰箱，对于很多善于精打细算的家庭主妇来说，当然是首选。

目前，格力销售的晶弘冰箱拥有双开门、三门、对开门、意式和多门系列。除了具备瞬冷冻这个核心功能之外，晶弘冰箱的最大特点就是节能。其中，有一款“冰点黑”系列的晶弘冰箱，一天最低耗电仅为0.48度，如果以现在的居民用电价格是0.588元1度来计算，该晶弘冰箱一天耗电仅为0.282元。可见，董明珠所说的晶弘冰箱一天耗电两毛钱，确有其事。

董明珠认为，晶弘冰箱要想迅速成为中国第一品牌，除了渠道要给力之外，关键还要靠技术创新。设想一下，如果数年之后，“不用电”的晶弘冰箱研发出来了，并成为了中国第一品牌，那么任意品牌的冰箱都会岌岌自危。

在董明珠看来，格力要想在多元化之路上走得更远、走得更稳，甚至占据制高点，还是要以技术多元化的延伸为核心，而不是以产品多元化的延伸为核心。

董明珠说：“家电行业不是传统产业，而是成熟产业，是习惯型产业。只有那些落后的、没有创新能力的产业，才是传统产业。过去我们做上门检修，现在我们在珠海的总部可以远程检测所有格力空调用户的产品状态，你认为这是传统的吗？

“我们能够推出适合人们生活品质的、舒适的产品，企业就是有活力和生命力的。格力从不满足于现状，始终不断地在创新，在挑战自己，所以我们不是传统的企业，是一个创新型的企业。

“格力布局空气能热水器、晶弘冰箱、大松生活电器系列产品等，并未影响格力的专业化战略，因为我们有上游成熟技术作为保障，空调的技术研发被延伸到其他产品的生产中，这是相辅相成的，核心是技术的延伸，而不是产品多样化。我们利用技术优势可以在这些家电领域做到高起点。”

格力手机不仅是手机，更是智能控制器

阳春三月，花城锦绣，群芳竞艳，生机无限。在中山大学校园里，红艳艳的杜鹃花慢摇着春天的舞曲，那苍劲青翠的盆栽罗列在校道两边，禾雀花上成串的吊挂正在翩跹飞舞。不少学子在孙中山的雕像前瞻仰，只见一代伟人屹立在蓝天碧草之间，他左手叉腰，右手前抚，人们仿佛听到其闻名中外的政治遗嘱“革命尚未成功，同志仍须努力”。就目前的形势来看，格力的“多元化革命”还没有成功，因为“再造格力”还需一段时日，这时董明珠要开始“玩手机”了。

格力手机的技术延伸

2015年3月，董明珠在中山大学的一次演讲中，首次公开展示了格力手机。这是一款大屏幕手机，银色后盖上刻着“GREE”的品牌标识。在配置方面，格力手机装载1.2G赫兹处理器，拥有5英寸720×1280像素屏幕，内置1G手机自带内存+8G储存卡内存，前、后置摄像头分别为200万像素和800万像素，并运行Android（安卓）操作系统。

董明珠突然要“玩手机”，这让人不得不联想到2013年底董明珠与雷军那场“10亿豪赌”。当时，雷军“约赌”说要在5年之内，让小米的营业额击败格力，董明珠认为不可能，还要将“赌资”从1元猛抬到

10亿元。就在“豪赌”一年后，小米突然与格力电器的竞争对手之一美的集团合作了。2014年12月，小米以12.65亿元购入美的集团1.288%的股份，至此，美的仓储、物流和专门店全面向小米开放，从而提升了小米供应链的整合能力。

格力主要是做空调的，小米是做手机的，原来就是不对等的“赌局”。现在，小米和美的走向联合，让家电市场的竞争更加复杂化。面对竞争，董明珠还是处变不惊，依然坚信最大的竞争对手是自己，依然坚持进行技术创新，然后利用技术的延伸占领新的制高点，最终实现压倒性胜利。

2015年初，360董事长周鸿祎拜访了格力董事长董明珠，此事被外界认为是双方合作做手机的前奏。2015年1月，在深圳卫视的财经节目上，董明珠透露格力准备做手机的消息。董明珠说：“我们要做手机，分分钟，太容易了。我们做手机肯定会超过小米！”当时很多人认为那是不可能的事情，没想到在几个月之后，董明珠就在中山大学的演讲现场展示了格力手机。

董明珠说：“我们做手机，不是一时心血来潮，不是为了利润，更不是为了企业的生存。在我心中，智能手机只是一个工具，但是不该成为一个简单的接听电话或者玩游戏的工具，我希望它能够延伸成为生活家电当中的一个工具。

“格力手机应该做到三点：第一保证通话声音更加清晰，第二屏幕的显示更加清晰，第三不发热，寿命长，功能更加简捷。我们发现，用户其实不想半年就更换一部手机。想更换，是因为有企业没有做到以上几点。

“拥有格力手机，你还可以拥有自己的线上商城，可以买任何东西。未来，格力手机商城不是只能购买格力的产品，也会把全世界最好的品牌及其产品容纳进来。”

可见，格力研制出来的手机，通过技术的延伸，要将其从通信工具升级为生活家电工具，还计划载入格力手机商城、安全系统等预装软件。

就在人们翘首以待当中，格力手机却迟迟没有上市，董明珠认为产品还没有做到极致，她说：“如果放低要求，格力手机随时可以上市，但是自己和高管希望继续做一些破坏性实验，测试质量、发热等问题，把产品做到极致。”

专业化的多元化

2015年6月1日，格力电器举办了盛大的股东大会，面对股东，董明珠说：“格力手机已经销售，对外售价为1600元，目前供不应求，年度计划销售5000万部。”在大会现场，董明珠还向在场股东开放了格力手机的预售，每人仅限预订两台，她也像其他手机厂商那样搞起了饥饿营销。除了让股东预订之外，格力还在内部员工、专卖店，以及战略伙伴之间进行内部预订。可见，格力手机已是“山雨欲来风满楼”。

除了手机产前预订之外，作为空调厂商的格力电器玩手机还能有什么新玩法呢？我们认为，格力手机的玩法，应该与小米的玩法有所不同，小米既没有工厂，也没有零售店，他们把重心放在产品研发和用户交流上面。相比之下，格力手机的新玩法，则是自建生产线，以格力的精益制造制度，将格力手机打造成完美产品，同时进行多元化营销。

一开始，格力电器很想通过代工厂迅速推出格力手机。为此，格力手机由上海方案公司龙旗设计，由深圳卓翼科技代工，第一批订单约为40万部。当时，格力采购了大批摄像头和触摸屏等元器件，并向卓翼下了手机订单。不过，格力方面对格力手机的质量要求特别严格，对于元器件进行了一轮又一轮自虐式测试。要知道，珠海格力的筛选分厂还有6大研究院和几百个实验室，他们可不是吃素的。以前他们打造完美空调，现在也要兼顾打造完美手机。

由于质量测试需要一定的时间，另外代工厂的产能跟不上，所以格力手机迟迟没有上市。为了解决产能问题，格力决定自己搭建手机生产线，接下来的格力手机全部都要自己生产。在格力手机制造出来后，格力会对其进行多元化营销，通过格力专卖店、格力商城、其他电商平台、移动手机商城等渠道进行销售。

目前，三星、苹果、华为、小米、联想是位列全球前五的手机厂商，他们在性价比、渠道、增值服务、软硬件等方面不断进行相互攻伐，在社会化渠道、运营商渠道和电商渠道也展开一轮又一轮的贴身肉搏战。新来乍到的格力手机，如何在沉浮不定的手机市场中，找到新的

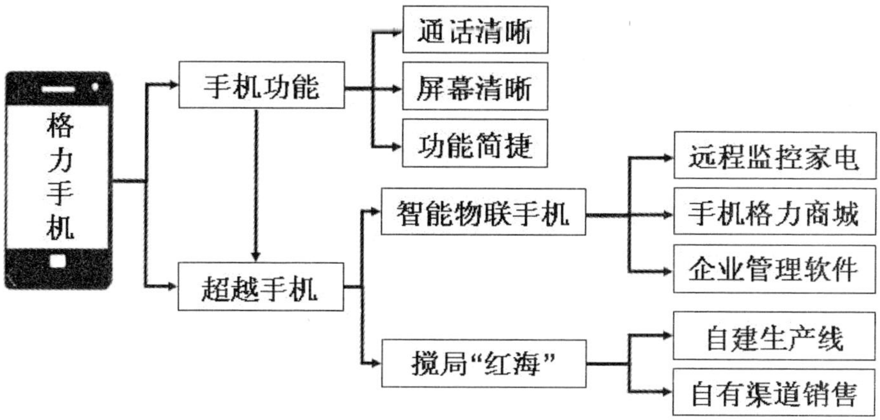

董明珠“玩手机”

出路？自建生产线+自有渠道销售，似乎是格力手机进行突围的好办法。

格力自建生产线、通过自有渠道销售格力手机，虽然成本高一些，但是命运却牢牢掌握在自己的手里。找人代工如“授人以柄”，如果别人不给你做了，你只能坐以待毙。找别的渠道商销售也是一样，好比“引颈待戮”，要与人分割利润、锱铢必较。销售出身的董明珠比谁都明白，自有技术才是百年之基，自有渠道才是企业命脉。

董明珠说：“格力电器会在家电行业永远领跑世界，而且在做好专业化的基础上，已经实现多元化。格力手机已经开始投放市场，希望大家用我们的手机。格力手机是一种智能物联手机，这就是我们的竞争力。我们的手机出来以后，可以远程监控家里的安防，可以把所有的电器远程遥控、指挥，还可以在上面买我们的电器产品……我们甚至可以给企业设计软件，企业的管理通过我们的手机就可以解决。别人说这是红海别进去，我就偏要进去。”

可见，格力电器将格力手机定位为智能物联手机，想在手机红海中搅搅局。不过，做手机当然不会丢了老本行，因为格力始终坚持在专业化的基础上实现多元化。格力已经成为世界上专业化的空调制造商，现在正通过技术的延伸，进军更多领域，实现产品的多元化。未来，格力这艘家电航母，将配备格力空调“舰载机”、TOSOT生活电器“反潜火箭”、晶弘冰箱“对舰导弹”、空气能热水器“防空导弹”和格力手机“近防炮”等。届时的格力，将更具技术竞争力、远程打击力和跨界杀伤力。

第7章

中国制造2025：格力用科技改变生活

智能家居一定是有内涵的东西，是能给消费者带来健康、安全、舒适、便利的。真正的智能化你不用关心它，它自动可以达到你想要的东西，那就叫智能化。

——董明珠

中国制造2025战略，建设制造业创新体系

午夜，月华缥缈，人们都已沉沉睡去。中国代工厂里突然响起紧急哨声，温柔帐内的女工绽开那蝶翼般的长睫，而年轻力壮的男工来个“鲤鱼打挺”，慌忙寻找着散落的工作服和鞋子。半个小时后，工厂就从宿舍召集了几千工人，让他们重新走上工作岗位，开始轮班工作。因为某款产品需要彻底修改，而新的配件在午夜时才刚刚到达。

可见，中国制造的速度和机动性是惊人的，世界其他地方的任何工厂都无法与之匹敌。正因为这样，2010年中国超过美国成为制造业第一大国，2014年中国成为全球第一大经济体。

2025年：中国迈入制造强国

然而，中国并未满足于制造大国的地位，而是要积极动员全社会迈向制造强国，那是“中国梦”使然，也是实现中华民族伟大复兴的必由之路。2015年5月8日，中国公布了《中国制造2025》，那是中国版的“工业4.0”规划。该规划的第一步也是最重要的战略目标，就是力争用十年时间，到2025年让中国迈入制造强国行列。该规划的基本方针就是创新驱动、质量为先、绿色发展、人才为本，要求中国制造企业坚持把创新摆在制造业发展全局的核心位置。格力电器，恰恰是中

国制造企业中创新驱动的典范。

在国家公布《中国制造2025》规划前几个月，2015年1月格力电器凭借“基于掌握核心科技的自主创新工程体系建设”项目荣获国家科学技术进步奖，这是格力电器第二次荣获国家科学技术进步奖，同时也是格力电器第三次摘得国家科学技术奖，再次证明了格力电器在家电行业中的龙头地位。

国家一边奖励创新企业格力电器，一边公布制造强国规划，可见国家是要在全国范围内树立明星企业的模范作用，意在带动中国制造企业大力实施规划的方针与原则。

格力电器的自主创新工程体系不是单个产品的创新，而是整套工程体系的创新。格力的自主创新工程体系主要以“营造自我超越的创新文化、建立高集成的研发体系、拥有原创性的核心技术、构建全方位的产品系列”为主要内容，极大地推动了格力电器从“规模驱动业绩增长”到“创新驱动持续发展”的战略转变。这与国家的《中国制造2025》的规划十分合拍。

格力的自主创新工程体系并非一蹴而就，早在2002年，格力就致力于自主创新体系的建设，经过十多年的实施与应用，建成了行业一流的、掌握核心技术的全面创新系统，先后突破了变频空调关键技术、直流变频离心机技术、无稀土变频压缩技术、双级变频压缩机等一系列尖端技术，既引领了国内行业市场，也在国际市场上处于领先水平。

在荣获“自主创新工程体系”国家科学技术进步奖之后，格力电器董事长董明珠高兴地说：“支撑格力掌握核心科技的背后，是一套完整的充满活力的自主创新的工程体系，具体来说，包括理念体系、活动体系和组织体系。”

可见，格力电器在制造业建设的自主创新工程体系主要由3个体系构成，一是理念体系，二是活动体系，三是组织体系。在理念体系方面，格力电器提出了“让天空更蓝，大地更绿”的创新远景，主动承担社会责任，打造完美产品，坚持绿色发展，最终要成就伟大的社会企业；在活动体系方面，由于坚信“真正的竞争对手只有自己”，所以格力电器的创新，就是不断挑战自己、挑战行业、超越空调、引领时代潮流；在组织体系方面，格力电器拥有6大研究院、几百个实验室、8000名科技人员，以及一整套完善的人才培养和考核管理机制，这些都是格力电器进行持续创新的组织保障。

虽然格力在空调制造领域做得非常好，在家电行业中的龙头地位固若金汤，但是在中国还有很多制造企业无法摆脱“一分钱一分血汗”的代工困局。像芯片代工、制鞋代工、服装代工、外贸代工等一大批代工企业，在金融危机、外贸增速放缓、反倾销、人民币升值等因素的掣肘下，可谓是“苟延残喘，奄奄一息”。

中国制造业与发达国家仍有较大差距，这主要表现在4个方面：

第一，中国制造业的发展不平衡，整体的国际竞争力不强。虽然格力电器在空调行业制造方面，达到行业顶尖水平，可是还有一些家电企业靠着偷工减料混日子。董明珠曾一针见血地指出偷工减料企业是中国制造业的害群之马。她说：“不管是国企还是民企，如果企业逐利而行，就不可能打造出好的产品。因为这种企业总是惦记着利润最大化，没有创造性的产品，又要强调盈利，他们在市场上竞争的唯一办法就是打价格战。他们想在市场上占有一席之地，只能靠偷工减料，从而带来不好的影响。”

第二，中国制造业高能耗、高污染问题突出，不利于企业可持续发展。虽然格力电器研发出了“变频节能空调”“不用电的太阳能空调”“无氟的空调”，但是还有不少空调企业生产出来的空调存在

“高能耗、高污染、高危险”的诸多毛病。

第三，中国制造业还没有完全摆脱低端代工的困扰，国际品牌寥寥无几。十多年来，格力通过建设自主创新工程体系，走自主品牌路线，很早就摆脱了代工困局，以技术创新打造完美产品、占领高端市场，将命运牢牢主宰在自己手中，最终打造了格力空调、“大松”小家电等几个国际品牌。相比之下，很多中国代工厂，依然是“白户”，没有自己的品牌和知识产权。要知道代工虽然满足一时口腹之欲，但是这种靠着低成本制胜并非常胜之道，特别是近几年来越南制造、泰国制造的成本更低，所以很多国际品牌已经“另结新欢”，这让中国代工企业很受伤。

第四，中国制造业缺乏核心技术和相应的研发能力。虽然格力电器通过大量投入，研发出了很多类似1赫兹变频空调、双级变频压缩机等尖端技术，但是中国还有一些制造企业没有什么技术研发能力，“等靠要”的思想特别严重。突然来了个把订单，代工厂只要按照别人的标准“做得差不多就行”，如果客户不满意就层层转包出去，最后还是没有掌握相关技术。

中国制造业大而不强，与发达国家仍有较大差距，那么中国制造企业如何缩短这些差距呢？关键还是要像格力电器那样以创新为驱动，通过技术创新，走自主品牌路线，通过工程体系创新，为中国成为制造强国贡献力量。

从“中国创造”到“中国智造”

为了响应《中国制造2025》的战略规划，格力电器开始加速工业产

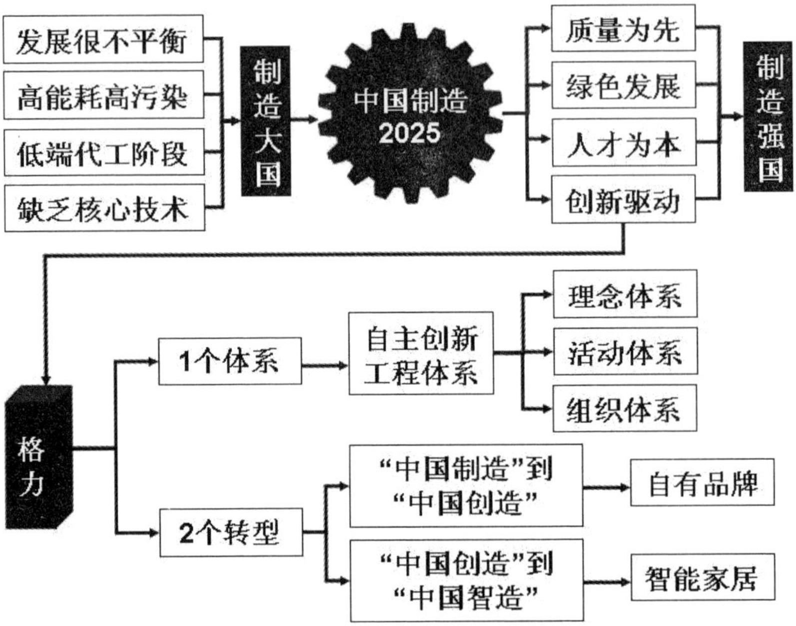

中国制造2025

品智能化的研发，率先实现从“中国创造”到“中国智造”的转变。2015年，格力推出了智能路由器，正式启动了智能家居时代。董明珠说：“我认为搞一个路由器，把所有家电连接起来不叫智能家居。格力的智能家居是让你有了格力的一个产品后就不需要其他产品。”

董明珠所说的“格力的智能家居”，就是以格力路由器作为家居控制中心，用户只要通过格力手机登录格力APP，然后用户无论在何时何地都可以轻松玩转全部家电，包括格力家用空调、TOSOT生活电器、晶弘冰箱、空气能热水器、格力家用中央空调及其他家电设备。届时，用户的语音命令也将成为格力智能系统开启的钥匙，用户无论是调节空调温度、煮饭热火，还是进行瞬冻结食物、启用太阳能空调等操作，格力智能系统都能一一实现。此外，智能家居系统还可以自动监测、自动报警、自动开启和关闭相应设备，确保家居设备安全无忧……

在智能家居方面，光有智能路由器还不够，所以格力的创新永无止步，探索也永无止境，就像当年格力打造完美的格力全能王空调一样，因为董明珠坚信“山顶之上还有星空”。

董明珠说：“路由器只把所有的电器产品连在一起，智能家居能不能再升一个档次？人生存的最好的环境是什么样，你就应该达到这个标准，而不是让一个用户说我需要什么样子，能不能用跨越式的思维去想？现在德国是工业4.0革命，请问大家有没有想过未来5.0是什么样子？敢不敢想？”

格力电器历来都要以高于国家标准、高于世界标准的要求来挑战自己、超越自我，然后通过超强的技术研发能力，实现重大突破。这次在智能家居方面，当国家提出《中国制造2025》的规划，发起工业4.0革命时，董明珠已经想到要进军“工业5.0”了，要用科技创新为人们创造最好的家居环境。

近几年“雾霾围城”时有发生，就连首都北京也未能幸免。所以，在工业产品智能化生产过程中，董明珠强调既要在产品使用过程中做到低能耗，也要在产品生产过程中做到低能耗。唯有这样，才能实现绿色发展，减少雾霾天数，“让天空更蓝，让大地更绿”。董明珠说：“每个人都从我做起，不破坏环境，特别是企业，如果制造的过程当中，不破坏环境，我们还会有雾霾吗？”

格力电器从“中国创造”到“中国智造”的转变，不靠喊口号、也不靠虚拟经济，而是靠持续的创新，靠实干的精神，唯创新才能引领世界，唯有实干才能兴邦强国。董明珠说：“我感觉最自豪的就是智能化不是用嘴喊出来的，是做出来的，我们一直默默地在做。过去，大家追求一个线上的虚拟的经济，好像互联网比实体制造业重要，但是我个人认为，实体制造业才能够真正地让我们的互联网得到升级，没有实体经济是不行的。中国实体经济要发展，不在于有多少工厂，而在于创造力有多大。”

可见，在“中国智造”的进程中，实体制造业需要扮演更为重要的角色，唯有自己发展壮大了，才能更好地支撑互联网经济做大做强。试想一下，如果没有中国几千万中小企业的发展壮大，全球电商巨头阿里巴巴如何能做得起来。

下一个十年，中国制造企业要想发展自己、助推国家迈入制造强国行列，需要加快进行两个方面的“转型升级”：一是加快从“中国制造”到“中国创造”转型，这是从代工地位转变为自有品牌；二是加快从“中国创造”到“中国智造”转型，这是强化自有品牌的阶段，要实现从单品创新到整个工程体系的创新，而这个创新体系的最终成果就是工业产品的智能化。

在工业产品的智能化方面，格力电器已先试先行，并成为标杆企业。俗话说，“众人拾柴火焰高，众人划桨开大船”，希望中国能诞生更多像格力电器这样的企业，将“中国智造”真正推向“全球领先”！

“国家智库”中唯一女企业家

一天清晨，太阳照常升起，树影婆娑叶如剪，山峦绵延峰似云。很快“轰隆隆”的爆炸声打破了清晨的宁静。乌克兰政府军与民间武装在乌克兰东部开战了。这个盛产美女的国家正经受着战火的“蹂躏”。2013年年底，乌克兰亲俄派总统亚努科维奇中止和欧洲联盟签署政治和自由贸易协议，欲强化和俄罗斯的关系，结果导致了乌克兰危机。危机爆发后，美国智库为奥巴马支招，认为美俄妥协才是乌克兰危机解决之道。从此，堪称“政府的外脑”的美国智库团队浮出了水面。

超级豪华的国家智库

美国有智库，中国亦有智库！董明珠在2015年入选国家发展规划专家委，成为本届“国家智库”中唯一女企业家。在美国，智库以精准全面的分析研判能力以及在社会公众中的强大影响力，左右着美国政治、经济、社会、军事、外交、科技等方面的重大决策，可以说是继立法、行政、司法、媒体之后的“第五权力”。在中国，“国家发展规划专家委”可以说是最综合、最高级别的国家智库，像其他智库只是研究某一领域的，例如中国社会科学院、中国国际问题研究院、中国现代国际关系研究院等。

要知道，2015年是“十二五”规划的收官之年，而“十三五”规划的编制工作也在紧张进行。国家为了确保决策的科学性，所以在2015年重新组建了“国家发展规划专家委”，堪称“超级豪华的国家智库”。

2015年4月，国家发展和改革委员会网站公布了“十三五”国家发展规划专家委员会名单，这些由来自政府部门、权威智库、高校和知名企业的50多位专家委员组成了豪华专家团。其中，珠海格力集团董事长董明珠作为唯一女企业家委员位列其中。

董明珠能够加入“国家智库”也是众望所归的事情。董明珠曾经是第十届、十一届、十二届全国人大代表，多年来，她一直关注国计民生，积极为国家建言献策，先后就国有企业改制、奖励技术创新、完善政府采购自主创新产品政策等问题向人大提出建议。

现在，作为国家“十三五”国家发展规划专家委员会委员，董明珠更是当仁不让，默默承担着更多责任。因为进入“国家智库”，不是去享福、去享受光环，而是要为国家的发展提供智力支持，需要殚精竭虑、出谋划策。例如在“国家智库”的影响下，国家口岸发展的“十三五”规划中就有重点支持“一带一路”的内容。

相比之下，“中国制造2025”规划是国家提出了“中国制造强国”的第一个十年（2015~2025）的行动纲领，是代表国家战略最重要的长期规划，而“十三五”（2015~2020）规划是国家5年发展规划，要确保中国全面建成小康社会的宏伟目标。这两个规划一长一短，共同勾勒出中国制造业瑰丽的发展蓝图。

对于这两个规划，格力电器都深度参与其中，在“十三五”规划中，格力董事长出任“国家智库”为国家发展出谋划策；在《中国制造2025》规划中，格力电器则充当排头兵的作用，通过“自主创新工程体系”，积极实施工业产品智能化，因此，格力董事长董明珠也成为“中国制造2025”的代言人。

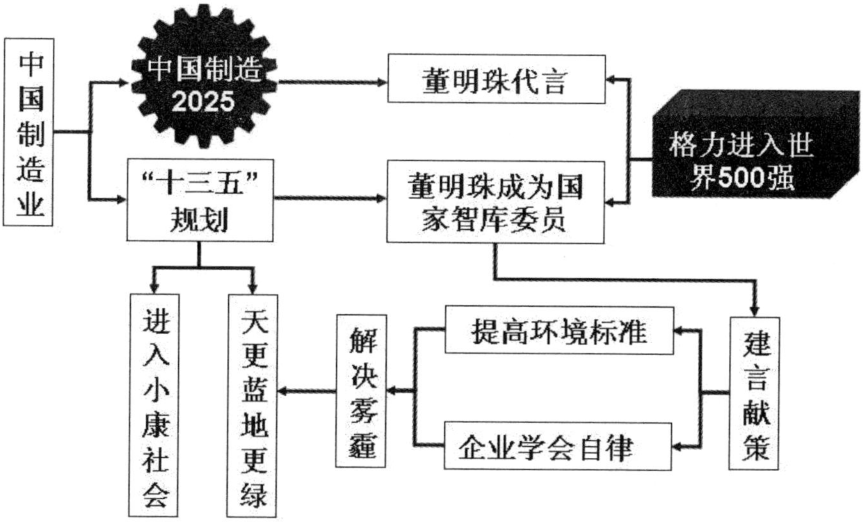

董明珠成为国家智库委员

挺进“世界500强”行列

行业的话语权永远是靠企业的实力说话，而不是论资排辈。为什么这么多人关注董明珠的提案和建议？是因为她掌舵的格力电器，发展得越来越越好，越来越与国家的未来规划“合拍”。2015年，格力又一次震惊了家电行业，因为格力电器首次挺进了福布斯全球500强企业行列。

2015年5月，“福布斯全球上市公司2000强”在全球范围内公布，其中，格力电器在该榜单中排名第385位，美的则位于436位，而海尔集团位于781位，与世界500强无缘。可见，格力电器不仅雄赳赳、气昂昂地进入了世界500强行列，而且还将竞争对手远远地甩在后面。

众所周知，在世界500强的中国企业中，主要以金融、房地产及部分国企为主，像格力这样来自制造业的家电企业，还是让人感到十分震惊，而且格力长期以来已发展成为专业化的空调制造商。格力靠着这样单一的品牌，获得这样的成绩实在是“不可思议”。

当格力首次挺进世界500强的消息传到珠海格力总部时，无数的格力人都为此欢欣鼓舞、高奏凯歌。可是，格力董事长董明珠却波澜不惊地说：“格力进入全球500强，对我们来说是意料之中！”

“能力越大责任越大”，格力电器取得了这么好的成绩，董明珠更有理由加入“国家智库”为国家发展“再建奇功”。一向敢言的董明珠，其建议和提案也通常是“针砭时弊、鞭辟入里”，她与其他学究式委员不同，董明珠来自中国制造企业，来自一线市场，她更加理解市场，而且她说到做到，令人刮目相看。

例如，在2015年“两会”上，董明珠就提出了自己的环保提案，她说：“一方面政府要提高环境标准，另一方面企业要自律。我们对雾霾问题的治理有信心，只要全社会，尤其是环境污染的生产者下定决心，三年就能解决雾霾问题。没有破坏环境的源头，环境就不会不好。”

与此同时，董明珠还向政府提出鼓励自主创新的建议，她说：“企业在产品研发阶段，哪怕丢掉几个亿也是值得的，因为这关系到以后的发展，研发不是浪费，而是沉淀，但在管理上连一分钱也不能浪费。”

可见，掌舵格力多年来，董明珠对于创新驱动、绿色发展早已形成一套成熟的思路，哪里该花钱、哪里不该花，已是“了然于心”。多年来，格力花重金进行一项又一项技术研发，在源头上做好自己、超越自己、打造美完产品，让格力系产品100%达到绿色环保要求，这样既能支持企业的长期发展，也是对国家发展规划的最大贡献。

真正的智能化，会自动达到你想要的

被誉为“工业维生素”的稀土，广泛运用于各种工业化生产，同时污染问题也十分突出。稀土工厂里机器哀鸣，巨大的烟囱直插云霄，喷出滚滚浓烟，无数个排污泵不断将废渣、废液排入江河，各种放射性污染危害着周边民众的健康。

有些地方由于生产稀土造成的污染，其毒害性仅次于核泄漏。很多空调的压缩机里也含有稀土，一般来说，一台1.5HP（马力）的变频空调需要用100克左右稀土。每年空调的销量越大，使用的稀土就越多，越容易造成环境污染。如果有企业能生产出无稀土的空调就好了。

工业智能化的高度

很快，作为空调行业领导者的格力电器怀着“舍我其谁”的创新精神，研发出了无稀土压缩机、无稀土空调。2015年2月，在广东省科技创新大会上，由格力集团研发的《新型高效磁阻电机的研发及其在变频压缩机和空调中的应用》（简称无稀土压缩机）项目获得了2014年度广东省科学技术奖特等奖。

在科技创新大会摘取桂冠后，董明珠高兴地说：“压缩机作为空调的‘心脏’，是一个非常重要的零部件，整个空调能耗的90%被压缩机消耗掉。稀土在国际上是稀缺资源，空调需要这种材料，如果一直用下去的话总有一天会消耗完的，所以一定要开发不需要稀土资源的技术。如果我国每年生产的1.12亿台空调器全部应用无稀土压缩机，就可节省稀土永磁体13500吨，约占全国稀土年开采量的13%。”

在董明珠看来，工业智能化产品不仅要让自身变得更加智能，还要变得更加节能、更加环保，只有智能和环保结合起来，才是工业智能化的发展方向。董明珠说：“我认为现在真正智能的产品，安全、健康、卫生、保护环境，这就是我们工业智能化的方向。我们的工业智能化要提高到另外一个高度，那就是要跟环保结合起来。”

现在，格力通过科技攻关研发出的无稀土压缩机，在下游产品中断绝空调对稀土的依赖，让上游众多稀土厂供应商无利可图，从而间接地保护了环境、减少了污染。多年来，格力一直大力发展工业智能化，并注重将智能与环保相结合起来，为打造智能家居奠定基础。

智能家居是物联网的重要组成部分。20世纪90年代，物联网从美国引入中国，便迅速成为“中国制造”的新追求，它是一个基于互联网、传统电信网等信息承载体，让所有能够被独立寻址的普通物理对象实现互联互通的网络，它具有智能、先进、互联的三个重要特征。

董明珠对智能家居的“智能”也有独到的见解，她说：“什么是智能家居？我拿个手机能看到家里的温度就叫智能家居吗？不是的。智能家居一定是有内涵的东西，是能给消费者带来健康、安全、舒适、便利的。真正的智能化你不用关心它，它自动可以达到你想要的东西，那就叫智能化。”

“所想即所得”，这就是真正的智能化，届时家电不再是单纯“按照指令操作”的机器，而是能根据用户的使用习惯、使用频率、使用情境来进行智能分析，主动达到用户想要的状态。家电和人可谓是

“心有灵犀一点通”，让生活变得更加美好。

早在2012年格力就研发出了远程遥控技术，用户可以通过手机利用无线通信技术和无线传感设备来远程操控空调运行。那是国内最早的物联网空调，它具备远程查询、开关机、调节风速和噪声等功能。可以说，物联网空调是格力智能空调的初级产品。

不久，格力电器又研发出了全能王系列空调，像全能王-U尊二代产品、全能王-i尊二代产品都是物联网智能空调。用户在手机等智能操控终端上安装“格力智能家电”APP，就可以利用手机Wifi对空调进行智能物联控制。用户可以实现对空调进行零下30℃至54℃强劲制冷制热、140° 环抱式双出风、吹生态风、保持静音等众多功能操作。

格力全能王空调，可以说是智能空调的成熟产品。除了全能王空调之外，格力的家用多联机空调、格力光伏中央空调等产品也搭配智能家居系统。

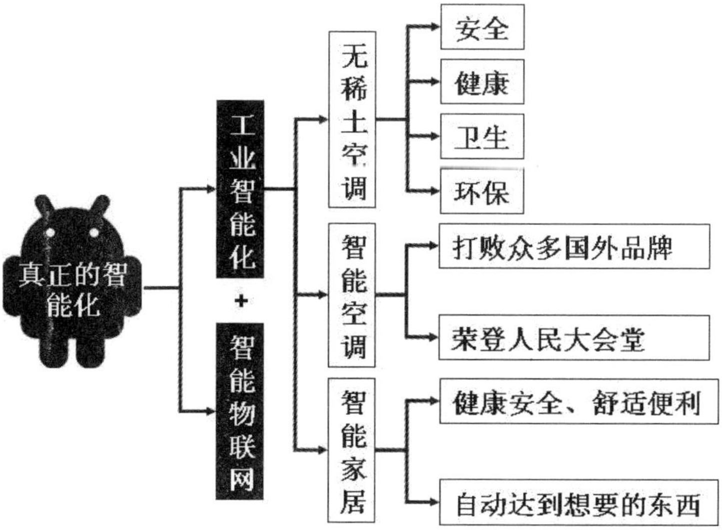

真正的“智能化”

荣登人民大会堂

由于格力空调变得更加节能、更加智能、更加注重环保，所以格力空调也“登堂入室”，成为了人民大会堂的“座上宾”。

2015年5月，人民大会堂公布了中央空调招标结果，格力中央空调赫然在列。当时，格力中央空调经过重重选拔，一路过关斩将击败了大批国外品牌，让开利、约克、大金、三洋、日立、松下、东芝、三星、LG、飞利浦等国外品牌“羡慕嫉妒恨”。这次中标供应商是北京盛世欣兴格力贸易有限公司（即格力的北京销售公司），中标的产品共有9台冷冻泵、9台冷却泵、9台变频离心式冷水机组，中标总金额为480多万元。虽然中标总金额不是很大，但是意义非凡，因为那是人民大会堂首次采用了国内品牌的中央空调。

作为多届人大代表、两会代表、商界明星的董明珠，经常出入人民大会堂，以前她经常观察墙壁之上有无格力空调，有则高兴，无则加勉。现在，格力中央空调代表国内品牌首次荣登人民大会堂，董明珠终于可以自豪地说“格力来了”。

董明珠深有感触地说：“13年前，我走进大会堂的时候，我就说这里用的空调不是我们的，我一定要让它用上我们的空调。嘴喊没有用，凭什么用你的？你的技术要比别人好，别人才可能用你的。这10年来，我们精心研究技术、精心培养人才、精心设计百年企业发展的战略。所以，我们终于能靠自己的实力走进了人民大会堂。”

单个智能化产品，不能说是智能家居，更不用说是物联网，因为它“形影相吊、孤掌难鸣”，没有“互通互联”的基础。只有通过物联网将无数个工业智能化产品整合起来，那才有可能形成“智能家居”。

董明珠说：“这几年，智能家居炒的概念比较多，而格力的智能家居，与这些概念不一样。不是把所有家电利用互联网进行连接就叫智能家居，而在于各部分家电本身的智能化升级。格力多年来一直在坚守自己的原则，就是要用科技改变生活，用智能化的产品提高消费者的生活质量。

“作为家电企业，无论什么时代，质量是根基。而做智能家居，需要围绕着健康、节能和环境保护这三个主题来进行，如果离开这三点，那么所谓的智能家居就是空谈。

“比如，空调本身的意义在于调节温度，让人更加舒适。但是，却没有人思考过空调出风可能会对身体有所伤害。而格力空调的新型产品已经从根本上解决空调出风的问题，让空调不吹风也能调节温度，用产品技术的革新改变消费者的消费体验，提高使用过程中的舒适度。这才是真正的智能家居。”

在董明珠看来，智能家居不仅要靠智能化的互联网，还要靠家电本身的智能化升级，如果家电不智能，再怎么“物联”也无济于事，好比老牛拉车，根本动不了。可见，智能家居是家电设备整体智能化的提升。未来，在格力的智能家居样板房中，人们将会惊喜地看到智能化格力空调、智能化TOSOT生活电器、智能化晶弘冰箱、智能化空气能热水器、智能化格力路由器、智能化格力手机等一大批工业智能化产品。正是这些智能化产品的“合体进化”，才能创造出不一样的“智能家居”。

未来智能家居以光伏空调为核心

冒着黑烟、喷着白气、轰隆作响的蒸汽机，让人类历史驶入了第一次工业革命——蒸汽时代。靠水、靠风、靠燃料、靠原子能的发电机，让人类历史转入了第二次工业革命——电力化时代。计算机、空间技术和生物工程的发明应用，让人类历史进入了第三次工业革命——信息化时代。在信息化时代，与人们生活休戚相关的就是物联网智能家居。

光伏空调：为智能家居供电

真正的智能家电在哪里？给空调加一个Wifi模块，再做一个手机APP，算不算智能空调？在董明珠看来，加载了Wifi模块和手机应用的空调并非真正的智能化，格力智能化空调还需要做更重要的事情！

为此，董明珠自信地说："我们早就可以在产品上应用这种技术，相当简单，成本不高，但这既不是消费者需要的，也不是格力想做的。要想实现'科技改变生活'，而且必须是大改变，必须创新、必须主动创新。要想看到真正的智能家居，只有在格力才可以看到。"

现在，格力的智能家居样板房还没有推出来，这是一个让人期待的秘密。面对智能家居的"追逐者"，董明珠曾经神秘地说："一年以后，甚至不要一年的时间，你们会看到我们格力电器的智能家居是什么样的状态，现在还有一点商业秘密，我也不太好讲得特别细，但是我相信有一天我们拿出来的东西，一定让消费者感觉到是一种享受。”

现在，格力电器正在不断升级和完善智能空调产品，以加快智能家居的建设工程。像“不用电”的格力光伏中央空调现已经在研发第二代产品、规划第三代产品，国内外订单有如雪片一样飞来。董明珠说：“像光伏空调这是第一代产品，我估计大概三四年以后，别人才可能做。因为，第一他们没有高效直驱变频离心机，第二光伏和空调直接对接，把空调变成发电站，这里面的技术他们很难实现。”

由于格力在行业上拥有超强、超前的研发能力，所以未来的智能家居系统工程最有可能会在格力电器率先诞生。

智能家居互联互通着众多智能家电设备，当然离不开强劲的电力系统。谁来解决智能家居系统的用电问题？不断更新换代的格力光伏空调，由于使用太阳能发电，真正解决了智能家居的用电问题，最终成为未来智能家居的核心所在。董明珠说：“我们希望通过技术升级，可以脱离城市电网，在一栋楼里面只要有一台格力光伏空调，就可以解决所有的用电问题。”

董明珠说到做到，从2015年开始，格力电器就开始研发以光伏空调为核心的智能家居工程。因此，格力电器在不断更新换代智能空调的同时，还研发了格力智能路由器、格力智能手机，这些发明的最终目的就是要完成“智能家居”的伟大工程。

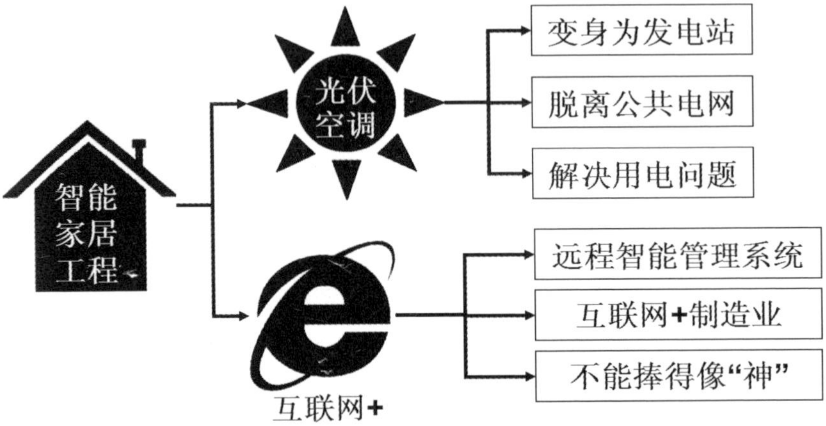

未来智能家居以光伏空调为核心

“互联网+”：不能捧得像神

2015年3月，国家政府报告提出“互联网+”的发展思路，鼓励中国制造企业把互联网与传统行业真正结合起来，以促进产业的跨越式发展。

在“互联网+”运用中，格力电器做得最成功的要算格力中央空调智能管理系统（GIMS）。董明珠说：“新时期的互联网技术已经对制造业产生了更加深刻的影响。运用大数据，目前格力已经能对远在几千公里的产品品质进行远程监控。”

格力中央空调智能管理系统是格力中央空调针对目前楼宇中央空调机型的多样性、安装的分散性以及维护的复杂性而研究开发的一套完善的空调智能管理系统。它通过5套智能管理方案，对全球范围内的格力中央空调进行智能化管理。

这5套智能管理方案包括格力中央空调远程智能服务中心、远程监控系统、楼宇管理系统、中央系统分户计费系统和群控系统。这样，格力的科技人员在格力珠海总部就可以对全球各地的格力中央空调进行集中控制、网上控制、综合管理、智能计费等多种功能操作和远程服务。

有一年，有一位江苏用户在自己别墅里安装了格力家用中央空调。一天晚上，月明星稀，晚风沉醉，格力珠海总部的远程监控系统发现，该用户的中央空调有异动。当晚，格力相关部门马上召集技术专家进行联合诊治，并通过远程智能服务中心告知用户进行正确的操作。为了从根本上解决问题，格力珠海总部又连夜派离用户家最近的工程师队伍前往用户家中，现场解决相关技术难题。

虽然“互联网+”给格力带来了很多变革，但是董明珠也清醒地认识到，唯有技术创新才能创造智能家居。中国制造企业不能指望着一披上“互联网+”的马甲，就能自然实现智能家居工程。

董明珠说：“格力电器对互联网的运用是最好的，只是我们没有在外面表达出来。互联网跟制造业有关系吗？有！过去消费者用的格力空调如果坏了，他们必须打电话求助，现在不是了，我在总部就可以监控到所有空调的运行状况。有的客户觉得他家的空调没有什么问题，但我们总部通过数据分析发现了问题，马上就会派人到他家里面去修理。互联网对于有创新思想的人才是有用的，但是在中国制造业中，互联网就是一个工具，不要把互联网捧得像神一样，最后自己都不知道自己该干什么。”

目前，蒸汽时代已经渐行渐远，电力时代依然在顽强垄断，而信息时代则是方兴未艾。未来的能源中，唯有太阳能是取之不尽、用之不竭的能源。在未来智能家居工程中，必须依靠太阳能发电，而成熟的发电机组就是格力的光伏中央空调。随着格力的技术不断创新、不断超越自我，格力光伏中央空调在信息化时代、在物联网智能家居中，势必扮演着越来越重要的角色！

让更多人通过中国产品来了解中国

很久以来，外国人通过各种各样的“外国眼”（报刊、图书、网站、电台、传闻、影视等）了解中国、认识中国，但是还有不少人充满了“傲慢与偏见”。“中国制造”产品是外国人接触最多、最频繁的东西，要想改变中国形象，“中国制造”也需要不断“给力”，以期“拨乱反正”。

中国制造的“闹剧”

2015年3月，第十二届全国人民代表大会要在人民大会堂开幕。当时，董明珠刚到场外就被大批记者“围攻”，一时间，记者们操着各种各样的采录设备器材围住了董明珠。“尖刀突围”的董明珠也积极回应记者们的热情提问，有个记者问：“最近，有国人去日本疯抢电饭锅、马桶盖，还用集装箱装回国，你怎么看？”

董明珠笑着说：“太不可思议了！我们相信我们有很多的企业产品质量并不差。这个现象也暴露出一些问题：第一，我们的媒体没有把中国真正好的企业真正展现给市场；第二，有一些不负责任的企业只能为自己的不诚信买单，因为人们对这些企业失去了信心。为了改变这种现象，中国企业要有所担当，要从自己做起，要加强自律，要对市场负责！”

在2015年春节期间，大量中国游客赴日本旅游，却无端上演了疯狂购物的“闹剧”。由于日本的家用产品质量较高、口碑也不错，所以去日本旅游的中国人一见到“特价优惠”的马桶盖，马上疯抢起来、将其买断货。这些中国游客以为自己大赚特赚、买到了货真价实的日本货，其实那些马桶盖也大多是中国制造的日本货。

中国人出国去疯抢中国制造的商品，犹如“自己打自己的嘴巴”。有些游客口上说自己从不买中国货，却要跑到日本去抢中国制造的日本货，真是个令人深思的闹剧。所以，董明珠用了“不可思议”这四个字强烈表达了自己的看法。改革开放30多年来，一部分中国人富起来了，但是一部分中国制造企业还没有强起来，其品牌、质量和性能总是那样差强人意，所以国人这种闹剧还会不断地上演。

在第十二届全国人民代表大会上，董明珠听得很清楚，也看得很明白，政府对产业发展已经提出了一个全新的概念——“中国制造2025”。政府在工作报告中敏锐地指出：“制造业是我们的优势产业。要实施‘中国制造2025’，坚持创新驱动、智能转型、强化基础、绿色发展，到2025年要实现从制造大国转向制造强国的战略目标。”

正所谓“十年磨一剑”，从2015~2025年这十年期间，“中国制造”企业还有时间和机会加快转型，从而改变“中国制造”在世界人民心目中的形象。董明珠说：“未来十年中国可以实现中高端产业的变化，让更多人通过中国的产品来了解中国，文化必须先走出去。此外，中国企业还要解决诚信问题。”

在董明珠看来，要想让世界上更多人通过中国的产品来了解中国，企业必须做到销售走出去、品牌走出去、文化走出去。多年来，格力一直在积极塑造格力品牌的全球形象。

在销售走出去方面，格力空调已经覆盖全球市场。格力电器家用空调年产能已超过6000万台（套），商用空调年产能高达550万台（套），这些产品远销全球160多个国家和地区。

在品牌走出去方面，格力空调是中国空调业唯一的世界名牌。在生产制造过程中，格力通过“零缺陷”工程、六西格码管理法、“三合一”管理体系、6S、“精益生产”、QC小组、质量月等管理手段不断打造完美产品。因此，格力电器先后荣获“世界名牌”“国家出口免验产品”“国家商标战略实施示范企业”“中国商标金奖”等荣誉称号。早在1994年底，格力就拿到了国内第一张欧盟CE认证证书，将产品销往欧洲市场，目前格力在巴西、巴基斯坦、越南等地均设有海外生产基地。

在文化走出去方面，格力的诚信文化、共赢文化，也随着格力产品和销售渠道走向全世界。

目前，很多中国制造企业还需要不断修炼“内功”，提高中国制造产品的质量和技术，以打造世界品牌。那些不诚信、试图靠偷工减料蒙蔽消费者的企业，则要检讨自己、涅槃重生。董明珠说：“只要有机会，我们就会呼吁中国企业重新检讨自己。中国制造的过程非常重要，如果我们还是用较低的劳动力成本来取胜，那么我们劳动者的生活水平能改善和提高吗？我们一定会走向世界，因为我们中国走出去的是质量和技术。这才是我们真正走向世界的价值。”

“格力梦”与“中国梦”

富裕起来的中国人在不断追求生活品质，他们驾驶着德国产的奔驰、宝马，穿着阿迪达斯，用着博世家电。很多中国人正是通过德国

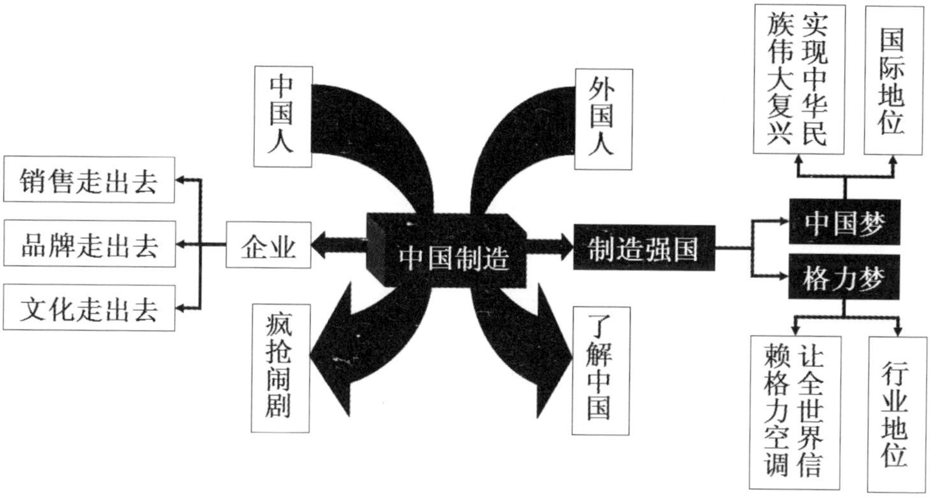

让更多人通过中国产品来了解中国

的这些产品了解了德国，也了解了德国的工业精神（简约严谨、一丝不苟、担当有序、锲而不舍）。所以，在德国“工业4.0”战略规划后，中国政府也推出了“中国制造2025”战略规划，誓要实现制造强国的形象大逆转，让外国人通过中国产品了解中国、了解中国文化。

董明珠说：“制造业真正强势的地方，是拥有核心创造力，你要不断有新的突破、新的技术，那你才是真正的制造业，否则你就只能是加工业。格力更远的目标是做一个百年企业，但是做一个什么样的百年企业？这需要思考。我们要做一个对人类有贡献的企业，才能够真正实现百年之梦。如果企业只以赢利为目标，不会走得很远，不可能有未来。”

在董明珠看来，格力要想做到百年企业，必须要做一个对人类有贡献的企业。企业要想对人类有所贡献，就要通过技术创新甚至技术革命来创领行业发展，让制造出来的产品更安全、更环保、更智能，最终获得全世界人民的信赖。只有有了全世界人民的信赖，产品销量才会更多、营收增长才会更快，企业才能获得长期生存和发展的机会。

多年来，格力坚持走“在专业化基础上的多元化”，让用户不仅信赖格力空调，还要信赖格力系列的其他产品。从市场反映的数据看，消费者对格力品牌的信赖是无与伦比的。在2014年家电行业格局中，格力品牌在内销市场中占据37.5%的份额，稳居行业第一；在出口份额中，格力占比23.2%，也是行业出口第一。

可见，在消费者信赖度方面，国内其他空调品牌都不敌格力。董明珠说：“格力在海外的发展，是想输出好的产品和品牌，让全世界的人都使用格力空调。我们要让全世界的人都信赖格力空调，就像人们信赖奔驰、宝马一样。梦想靠实干完成。一个国家只有通过实干才能进步，一个企业只有通过实干才能获得实实在在的增长。格力的脚步还在向前迈进，和中华民族的复兴脚步同步向前迈进。”

在“重塑中国制造强国新形象”这个基础上，“格力梦”在“中国梦”中找到了落脚点。“格力梦”是让全世界人民都信赖格力空调，是中国制造企业在行业中的形象；“中国梦”是要实现中华民族的伟大复兴，代表着国家在国际世界的地位和形象。

“中国梦”需要呼唤无数个“格力梦”“制造梦”，唯有无数个“格力梦”“制造梦”形成合力，才能助推“中国梦”的伟大实现。未来，格力一定会发挥“公司的力量”，通过严密的组织、有效的管理和创新的文化，不断推进行业技术革新，最终让科技改变人类的生活！

第8章

成功女性：

敢于放弃自己、挑战自己

要想成为真正的成功者，你可能更多的是放弃自我，永远做一个敢于挑战自己的人，而不是挑战别人。

——董明珠

我只是一个卖空调的

阳光击散雾霾，又是一周的开始。格力珠海总部数万员工穿着蓝色的工作服走进了不同的部门，彰显出兢兢业业、实干兴邦的“蓝领精神”。董明珠吃过早餐后，就迈着矫健的步伐前往办公室，在乘坐电梯时她还不时与新晋员工说些勉励的话语。她那栗色的卷发一尘不染，给人以精明干练的职业感；她那一袭长裙配针织衫外罩更显得知性优雅。上班的第一时间，只见她给助理和下属员工做了简单的工作交代后，就收拾一下办公物品，准备一个人出差。

穿衣服：要符合自身气质

这个貌似平凡的女人，却有众多令人“高不可攀”的光环。2004年，董明珠荣膺《财富》“全球商界女强人50强”；2010年，董明珠获得十个“第一”广东杰出女性人物；2011年，董明珠荣获2011年30位年度商界木兰；2012年，董明珠获得亚洲最具权威的质量大奖——“石川馨—狩野奖”，是第一位获此殊荣的女性；2015年，董明珠在《福布斯》亚洲商界权势女性的50位榜单位居第4位。

面对这么多荣誉，董明珠总是淡然一笑说：“我只是一个卖空调的。”

1990年，董明珠来到格力电器做业务员，现在做了格力的董事长，但她还是要管理销售。虽然身兼数职，荣誉和头衔也多了起来，但她还是不改初衷，还是要“卖空调”。董明珠说：“当初进来的时候，我就坚定了要在这里做一辈子的想法，没有其他的想法。而且当时我觉得条件也不错，2%的销售提成，虽然辛苦点，但收入也还是很可观的。那我就努力把这件事做好。”

女人天生爱美，经常在穿衣打扮上花费很多时间。那么，“卖空调”的董明珠平常穿什么样的衣服呢？

在平常的工作中，董明珠没有化妆的习惯，全身上下也看不出穿了什么名牌。虽然没穿品牌服饰，但董明珠的着装还是有所搭配的，比如她会穿着色调统一的灰色外套、赭色长裤，配褐色短靴。

董明珠说：“我是一个比较直率的人、比较较劲的人，应该是比较追求完美。其实就像我穿衣服，并不是像别人用穿高档的或低档的来决定自己是否完美，是否漂亮。我用这件衣服穿在身上是不是适合我的气质，来确认是不是该穿。很多时候，我们都需要考虑到别人的感受，但别人的感受并不是你穿着高档的衣服然后就说这个人不错。在穿衣上，我希望我给别人的感受是亲切的、随和的。”

很多人穿衣服说是“随和”，可是一不小心就会变成“随意”。有一次，公司的员工向董明珠善意地建议说：“董总，你到一些场合去要注意一下形象。”

董明珠回答说：“只要我穿的不破不烂就可以。我的空调才卖几千块钱，但是有的衣服卖那么贵，所以我从来不买这么贵的衣服。即使我穿了名牌衣服，也是在打折的时候去买的。别人说你那么有钱了怎么还讨价还价，因为我觉得它不值这个价钱。个人的形象包装得再好，如果你没有思想，那不是等于零吗？无非站在这里穿得比别人漂亮，戴的东西比别人高档一点，但是那不是价值的体现。”

可见，董明珠穿衣服不讲求什么品牌加身，而是要突出自己亲切的、随和的气质，这与她在管理上的强势和在工作上的完美追求形成鲜明对比。

在格力，只有董明珠有自由搭配着装的“特例”，其他员工就不能这样“随意”了。

在董明珠的有效治理下，格力的员工必须统一穿公司制服（白上衣、蓝裤子）上班，还要挂厂牌，是党员的还要戴党徽。女员工的长发必须束起来，男员工不得留长发，所有人在上班时都不得佩戴夸张的金银首饰，也不允许在办公室里说笑打闹、吃零食……

有一次，一位公司高管刚刚出差回来，西装革履的就径直回到公司，没有换上工服就忙着处理手头的事务。这时，董明珠正好路过，发现他的着装不合格，就当场重罚了1000元。这时，该高管才认识到

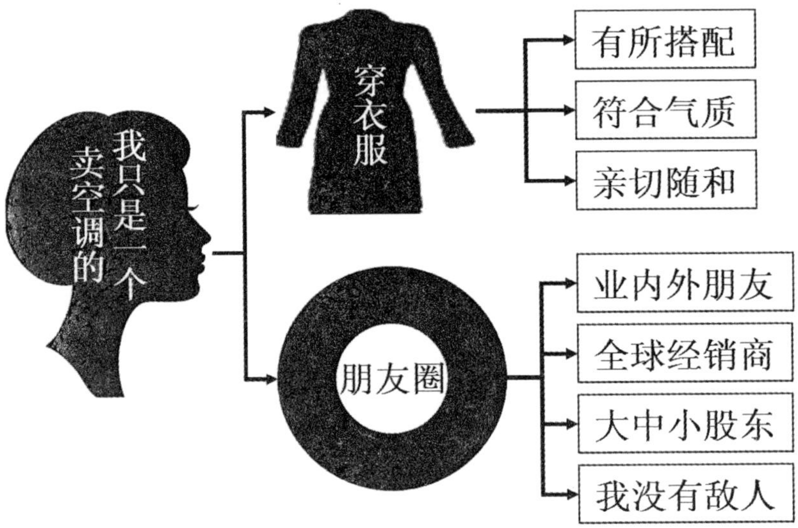

董明珠的“自我定位”

自己的错误，如果自己作为高管都不做好带头作用，那么何以服众，何以带领底下员工去攻克难关？

还有一位中层干部，经常在手上戴着一枚硕大的金戒指，那个金戒指可谓是“闪耀至极”，惹来很多员工关注的目光。有一次，在工作会议上，董明珠可谓明察秋毫，金戒指闪耀的一点光芒，都被她迅速捕捉到。只见董明珠对那位中层干部投去犀利的眼光，并严厉地说：“金戒指和工作又没什么关系，你最好还是注意下形象吧！”这位中层干部马上把金戒指摘了下来。

董明珠不仅对于“衣服”较真，还对生意场上的各种“潜规则”说不。董明珠说：“生意场上，男性可以通过喝酒拉生意，某些女性可以用身体做交易。但是，我不会这么做，我只能靠技术和质量把格力品牌做好。我也不需要和政府搞关系，不用‘潜规则’，只做好空调就行了。我们对政府最大的贡献是搞好企业。”

朋友圈：我没有敌人

在空调业叱咤风云多年以来，董明珠的朋友圈也不断丰富起来。据说，唯美集团董事长黄建平、魅族的黄章、小米的雷军、奇虎360的周鸿祎、华为的任正非、联想的杨元庆等都属于董明珠的朋友圈范围。

其实，董明珠接触最多的朋友，是全球各地的经销商和股东。有一位格力的海外经销商，从来没有见过格力董事长董明珠，但是他通过几张相片，就能心领神会地通过素描画出董明珠的犀利形象。在他画的炭笔素描画上，董明珠笑容得体、眼神犀利，这是董明珠一贯的形象。

人们说董明珠嘴上不饶人，经常四处树敌。比如，董明珠曾经说过："我从来就没有失误过，我从不认错，我永远是对的。"正是因为这样"语出惊人"，再加上网上的无序传播，让很多人对董明珠"心怀余悸"。

有人说董明珠与雷军因为"10亿赌局"而"交恶"，其实，他们俩并非形成真正的敌对关系，因为做空调的格力和做手机的小米原本就是风马牛不相及。

2015年3月，有人发现在广东代表团抵京后的第一次全体大会上，原本的座位安排雷军和董明珠坐在一起，可是两人却没有坐到一块儿。所以，有媒体将此解读为两人之间仍是"心存芥蒂"。其实，并不是这么一回事，后来雷军也证实说："我路上还和董总坐在一起聊些八卦。因为当时我来晚了，只剩一个座位给我，而且大家好像都没有按照排好的座位坐，也是来了之后，见到有座位就坐，所以董总并没有故意为了躲开我而换座位。"

敌人和朋友是在一定的环境中产生的，如果没有了竞争环境，大家都是"八竿子打不着"。如果格力没有去做手机，或许永远与小米做不成竞争对手。董明珠说："我没有敌人，也从来不认为谁是敌人。其实在一个环境下，要有竞争，同行也要有竞争，你说竞争就变成敌人，这就不是竞争。竞争是一个推动进步的行为，我觉得'比学赶帮'就是竞争。"

董明珠也不是一个强势如铁的女人，她骨子里还是有着丰富的情感的。董明珠说："骨子里我是一个感情丰富的人。"工作之外的董明珠不是"董总"，而是"董姐"，她会自己做饭、搞卫生，和好姐妹喝喝茶、去买些打折的衣服，有时间还会与商家砍砍价。董明珠说："我不知道什么样叫作老总，工作以外，我和大家都是一样的。"

很多职场成功女性经常把自己打扮得充满时尚感国际范儿，社会应酬活动也是丰富多彩，朋友圈里也会不断更新，平时还喜欢投资搞些资本运作，但是那些都不是董明珠的“消遣”。董明珠的工作外“消遣”，就是花一个半小时左右的时间在格力珠海总部的厂区内“快走”。此举可谓一举两得，一边锻炼身体，一边思考问题。

古代花木兰不爱红装爱戎装，那是为了替父从军、保家卫国。现代董明珠，不爱时装爱素装，那是为了表现出自己亲切随和的特质和丰富的内心情感。在市场环境中，董明珠没有真正的敌人，所以她的心态很好，淡泊宁静。在工作之外，董明珠可以享受生活，可以与好朋友唠家常、聊八卦，也可以与好姐妹一起喝茶、买衣服。

献身企业忘自我，棋行天下女豪杰

董明珠办公室里有个宽大的办公桌，上面各种来往文件、办公用品被整理得井井有条。办公桌后面的书架上，则摆放着各种见证历史的荣誉奖杯，还有一些管理类图书和企业管理文件夹。除了这些之外，董明珠的办公室里还有一幅意义非凡的书法作品，那就是她的前任领导朱江洪送她的一幅字画，上面笔锋遒劲地写道："献身企业忘自我，棋行天下女豪杰。"

生日礼物：勉励题词

2005年，董明珠时任格力电器总裁，在她生日那天，时任格力电器董事长朱江洪给她送来了一件特别的礼物。董明珠的生日礼物长什么样？只见老领导朱江洪把红布揭开，露出一幅题词，上面写着"献身企业忘自我，棋行天下女豪杰"两行大字。员工们看了，无不鼓掌道好。这是老领导朱江洪对董明珠的勉励之词："献身企业忘自我"，要求她拥有奉献精神，爱格力胜过爱自己；"棋行天下女豪杰"，要求她挑战自我、走出去开辟更广阔的市场，在成就企业辉煌的同时也成就一代女豪杰。

自从董明珠进入格力后，就把自己的青春和热血奉献给了格力，她每天一睁开眼睛就开始工作。前任领导朱江洪退休后，董明珠当选了格力电器的董事长，虽然身居高位，但是她依然进行着忘我的工作。

2012年4月，第111届春季广交会在广州举办，董明珠在展会现场不断为采购商以及媒体记者一一介绍格力的最新产品。作为公司领导，董明珠一点都不嫌累，她“迎来送往”不断评点产品特色、赠送资料、与经销商交换名片，渴了就喝点水，饿了就订快餐，一天下来其他展会工作人员早已疲惫不堪，但是董明珠还是兴奋地整理当天的交流记录、处理展会订单，并做好第二天的相关准备。

有一位格力员工说：“董总这一生完全奉献给格力了。她是一位很了不起的企业家，有很执着的敬业精神，舍弃了一切奉献企业，对企业没有私心，拥有敏锐的市场判断力，有着显赫的业绩……”

董明珠认为，员工为企业奉献的方式很多，创业之初可谓是“有钱出钱，有力出力”，如果这两者都没有，就要靠智慧、靠聪明才智来为企业做贡献。董明珠说：“在这个社会，男性是主导地位。女性在这个岗位上背后要付出很多。作为一个女性，要领导一帮男士，怎么能够让他们信服你，那真的不是靠你简单的亲和力，那是要靠智慧的。而且更多的是，你要比他更加执着和拼搏，你要比他做得更好，你的判断力比他更强。”

多年来，董明珠为格力呕心沥血，忠心不渝，虽然取得了良好的业绩，但是她还经常一个人出差，一有时间就去看市场，逢人就推销格力，几乎说出的每句话都离不开格力。

有一次，董明珠和同事们出去吃饭，他们订了一个包间。纷纷落座之后，大家就开始闲聊起来，这时董明珠听到空调的噪声很大，不论是外挂还是室内机都是一样的吵，甚至盖过了同事们说话的声音，她知道那不是格力空调，因为格力空调已经做到了18分贝的超低静音运行。这时，她突然站起来，同事们顿时鸦雀无声，面面相觑，不知道发生了什么事。只见董明珠在包间里来回走动了几圈，然后说：“这种空调不是格力的，质量太差了，室内温度冷热不均，根本没有什么舒适感。我们还是走吧，另找一家有格力空调的。”

“哦。”同事们松了一口气，然后高兴地说，“好的，我们大家一起去找，很快就能找到有格力空调的饭店。”说完，同事们就在董明珠的带领下鱼贯而出。那家饭店的老板发现一大帮客人走了，“煮熟的鸭子就这样飞了”，还以为是自己的服务人员服务不周到。其实，他不知道这帮格力人愤然离席的真正原因，是那个包间里用的不是格力空调。

后来，董明珠带着同事们在大街上左顾右盼，不断搜索着新的饭

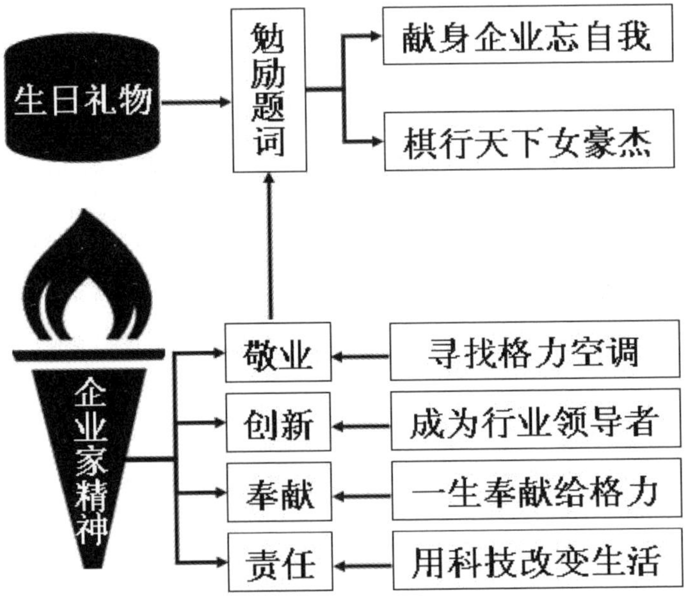

富有企业家精神的董明珠

店。等看到饭店后，同事们又在饭店的外墙上不断搜索格力空调。“那里有一家饭店！”“看，它们家用的空调是格力的。”“左边那家也用格力的。”“再往前一点那家也用格力的。”同事们很快就搜索到了多家使用格力空调的饭店。

这时，董明珠高兴地带着同事们来到饭店里面，仔细观察、确认饭店里正在使用的是格力空调之后，才放心地坐下来点菜、就餐。

富有企业家精神

业务员出差在外，风餐露宿是家常便饭，很多人根本没有心思计较这么多，更不会去在乎别人的饭店里用的是什么空调。可是，董明珠却不同，她不论处于何时何地都会习惯性地寻找墙上的格力空调，就连吃一顿饭也不能“随便吃”。可见，她对格力的爱很深，付出也很多。

董明珠对格力的奉献，除了全身心投入到工作之中，还表现在十分注意维护格力的声誉。2014年，有媒体称格力为“血汗工厂”，董明珠马上做客央视财经频道，反击不良舆论。董明珠说：“如果说格力电器是一个血汗工厂的话，那我们家电这个行业可能没有不是血汗工厂的了。我一直致力于提高员工的待遇，要呵护他们，但是也要严格管理他们，因为没有品质就没有市场，没有市场就没有消费者，所以你的质量一定要有保障。每个员工在自己的岗位上绝对不允许破坏质量，或者不履行自己对控制品质的岗位要求。这两年来，我们加大了对员工的培训，让他们提高技能。因为随着时代的发展，你要年薪拿到十万、二十万，靠劳力、一个简单的螺丝钉那是不可能的。可以说，我们不是血汗工厂，而是一个优秀的工厂。”

董明珠为什么这样死心塌地把自己的人生奉献给格力？除了发展企业成就自我传奇之外，还在于她高远的思想境界，那就是为国争光、用科技改变世界人民的生活。

“我们永葆昨天的昂扬，回首创业的岁月苍茫。从不言败浩歌高唱，格力蔚为国光。格力属于中国和世界，我们信守自己的诺言……”这是格力电器的公司之歌《格力之歌》所描述的无数格力人为之奋斗的原因。因为格力属于中国和世界，所以为格力奉献，其实就是为国家和世界奉献。格力人这种追求境界大大超越了一般民营企业“各人自扫门前雪，莫管他家瓦上霜”的狭隘思想。

现在，董明珠对格力已经有了深厚的感情，从1990～2015年，董明珠在格力已经奉献了25年，如果说董明珠和格力“结婚”的话，那也算得上是“银婚”级别了，两者的感情日久弥笃、牢不可破。在董明珠的身上，人们看到了真正的企业家精神，那就是：敬业、创新、奉献与责任。

让儿子循着自己的轨迹走

秋风渐起，落叶飘零。有一位年轻的妈妈怀抱一个小孩一路小跑而来，妈妈跑得气喘吁吁、汗花飞舞，孩子则在母亲湿暖的怀里睡得安稳香甜、鼻翼翕张。一大清早，妈妈抱着孩子去做什么呢？原来，她要抱着孩子去上班。她就是董明珠。

抱着孩子跑步上班

抱着孩子去上班，是很多年轻妈妈的无奈，有的是家里出现了重大变故没有人照顾孩子，有的是生活多艰需要多挣奶粉钱。那时，董明珠一方面为了时时陪伴孩子，一方面为了保住工作，所以她就抱着孩子去上班。抱着孩子去上班，可不是一件容易的事情。

如果把孩子装在篮子里放在单车上，再踩着单车去上班，可能会轻松一点，但是董明珠心疼孩子，生怕孩子被风吹着。这么小的孩子不能生病，一旦生病又要请假又要上医院，那么家里的境况就会更糟了。后来，董明珠决定抱着孩子从家里跑去上班。幸好，家里离单位并不是很远。于是，董明珠每天抱着小孩跑半个小时，一天要跑四趟，上午来回两趟，下午来回两趟，单是在路上花的时间就要两个小时。

虽然要分出很多时间和精力照顾襁褓中的孩子，但是董明珠也能够把工作安排得很好。早晨她要早起自己做饭、给孩子喂奶，然后抱着孩子去上班，中午还要回家做饭、喂奶，下午又抱着孩子去上班，晚上还是回家做饭、喂奶。就这样周而复始，但是董明珠并不觉得很辛苦，因为有了孩子，看着孩子一天天成长，作为母亲的董明珠打心里高兴。

后来，孩子大了一点，亲爱的丈夫又不在了。1990年，董明珠就一鼓作气南下打工。自从进入了格力，董明珠根本没有太多时间照顾孩子，于是她就把孩子留给自己的母亲照顾。

1992年12月，董明珠为了帮助客户销售格力空调，就从珠海总部搬到南京上班。原本说“近水楼台先得月”，现在回到自己家所在的城市，作为母亲的董明珠应该可以好好照顾孩子了，毕竟母子分离已有两年多了。可是，董明珠的工作特别忙，她天天都跑市场、跟进格力空调的销售情况，她知道儿子就住在自己母亲的家里，有时候坐车路过附近，但她就是没有时间过去探望。自己和儿子一年到头也见不了几次面，因此她和孩子面对面的沟通就非常少，平时全靠打电话联络。

有一次，董明珠去母亲那里看望儿子，她给孩子带去了问候和礼物。母子没有交流多久，电话响了，董明珠接完电话就要出门。没走多久，董明珠发现有东西落在家里了，就赶紧折回。这时，儿子好像已经睡下，董明珠经过孩子房间时，想再看孩子一眼。当她轻轻把被子掀开时，却发现儿子躲在被子里面哭，可怜的孩子眼泪双垂、鼻涕横流。看到这样的情形，董明珠有股揪心般的痛……

“记忆中的小脚丫／肉嘟嘟的小嘴巴／一生把爱交给他／只为那一声爸妈／时间都去哪儿了／还没好好感受年轻就老了／生儿养女一辈子／满脑子都是孩子哭了笑了／时间都去哪儿了……”中国内地知名男歌手王铮亮唱的《时间都去哪儿了》，恰如其分地表达了父母对孩子的爱，那种爱是最无私的、最纯美的。现在，董明珠看到儿子哭了，心也软了，她想暂时放下手头的工作，多陪陪孩子。

儿子发现妈妈回来了，赶紧把眼泪鼻涕擦干，还“破涕为笑”地说：“妈妈，你快走吧，我没事的。”董明珠抚摸着孩子的头，久久不愿离去。

后来，孩子到了上小学的年龄，董明珠为减轻母亲的负担，就把孩子送到寄宿制学校去，这样就不用每天往返接送了。

就这样，儿子从小学一直到读到大学毕业，董明珠从来没有到学校接过他。有一次，董明珠开着车正好从儿子的学校门口经过，她往校门口一望，正好看到儿子放学了，正背着书包慢慢走出来。当时，董明珠很想停下来接儿子回家。可是，她转念一想，不能开这个头，让孩子有依赖思想，所以董明珠径直开车走了。

那天，董明珠左等右等儿子老是不回来，她开始后悔没有接儿子回家。等到很晚的时候，做好的饭菜都凉了，儿子才回来。

“东东，路上干什么去了？”董明珠关切地问。

“没干什么，就是在路上等车。”儿子卸下重重的书包说。

“公交车有这么难等吗？”董明珠觉得很奇怪，她知道公交车每10分钟就有一趟经过儿子的学校门口。

“有空调的车是两块钱，没有空调的车是一块钱，我为了等那一块钱的车，所以今天等了半个多小时！”儿子终于说明晚回家的原因。

儿子宁愿在路边挨冷受冻，也要省这一块钱。这是董明珠长期教育的结果，一个单亲家庭，母亲含辛茹苦拉扯着一个孩子很不容易，所以艰苦奋斗是少不了的。董明珠说：“我们是不是缺这一块钱呢？不缺！但是我觉得对孩子也一样的，所谓的狠一点，就是要让他能够养成一种艰苦奋斗的精神。”

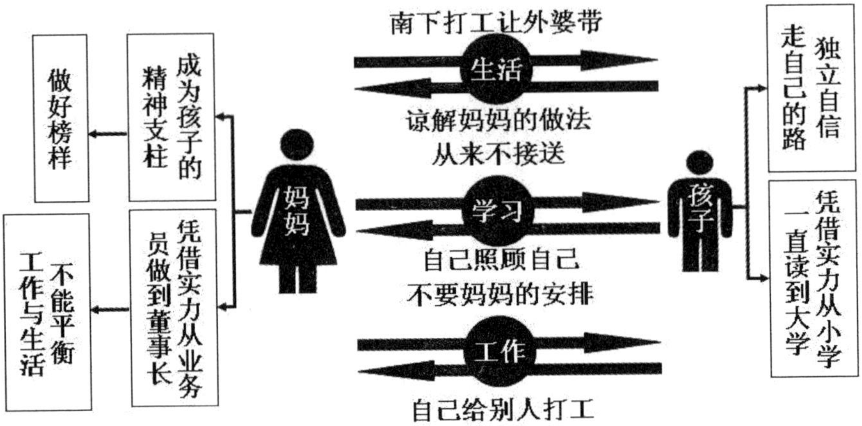

董明珠如何教育孩子

孩子教育：自己照顾自己

有一次，董明珠带病出差，结果发高烧、不省人事，被同事紧急送进医院。当时，董明珠一住院，就住了50多天。期间，还在学校读书的儿子前去探望董明珠，儿子向董明珠汇报了最近的学习情况，还说些学校里的趣闻，逗妈妈开心，这让董明珠感到很欣慰。临走前，儿子拉着董明珠的手说："妈妈，你安心养病，我会听话的，你不用操心。"儿子长大了，更懂事了，这让董明珠感动得流下了眼泪。

有一天，儿子放学回来高兴地说："妈妈，今天我在学校，有一道数学题全班同学都做不出来，我给做出来了。老师表扬我，让我站起来给同学们看，同学们看我时，我的脸都红了，不好意思抬头。"

"为什么？"董明珠问。

"你不是说我很丑吗？"董明珠一听，就回忆起来了，原来儿子曾经到过单位，同事们都说儿子好漂亮、好帅，可是当时董明珠太过谦虚，就随口说了句"没有了，丑死了"。结果，儿子就把这句话记下了，所以不好意思再“出镜表现”。

为了改变儿子的想法，董明珠就对他说：“妈妈不能跟别人说，你看妈妈长得多漂亮，不可能，只能讲自己长得不漂亮，这是一种谦虚。别人的孩子长得比你丑，你再夸自己漂亮，那不就是打击了别人的信心吗？所以应该谦虚一点。”

就这样，董明珠把儿子的心结解开了：该谦虚的时候要谦虚，该表现的时候还是要大胆表现。在教育儿子方面，董明珠认为母亲作为榜样的力量是必不可少的。董明珠说：“其实不用天天说孩子什么，你做的每一件事他们都会关注，父母是什么样的为人，孩子以后就一定会是怎样的为人，所以我从来不会指责孩子，强迫他。”

由于董明珠舍得放手，所以很多事情都要儿子去面对。后来，儿子参加高考了，他也是一个人在战斗，儿子为自己准备了文具和常用药品以防意外，独立自信地走向考场。现在有很多孩子参加高考时，全家老小都要动员起来，家长又是租高考房又是补充健脑口服液，又是全程呵护又是请名师辅导，把一个孩子的高考搞得像“家族战争”一样。相比之下，董明珠的儿子就没有这种“待遇”了，但是他很争气。他凭着自己的实力考上了大学，从小学生变成了大学生，就像自己的母亲凭借着自己的实力从业务员做到董事长一样。

在“拼爹”的时代，在孩子大学毕业之后，很多“鹰父虎妈”都要想方设法把儿子安排在自己身边工作，一方面可以言传身授，另一方面也算是肥水不流外人田。可是，董明珠却没有这样做，她让儿子自己去找工作，到社会上去闯荡、去实现自己的价值。董明珠说：“儿子找工作绝对不要进入我的范围之内。我现在要给他找一个很好的工作是很容易的，甚至到格力来我相信也是不错的，但是这对他人生的经历来讲就太平淡了。如果他自己去闯荡，自己去经历可能会更好。”

现在，董明珠的儿子并不在格力上班，而是在外面一家公司给别人打工，一个月的收入也就是五千块钱左右，但是他干得很开心、很快乐。看到儿子完全在社会上独立生活，并按照自己的轨迹发展自己、规划人生，作为母亲的董明珠终于放心了，也欣慰了。董明珠说：“我觉得这一点，对我来讲是个很大的欣慰。”

从董明珠儿子的成长轨迹来看，一切很自然，在襁褓之中先是妈妈贴身照顾，后来是家里的老人带，接着是上寄宿制学校，从小学读到大学，最后毕业找工作。儿子基本上是按照自己的轨迹发展，董明珠很少左右他的路径。董明珠说：“因为我没时间，儿子大多时候都是自己照顾自己的。很多孩子的成长都依靠父母的培养，但我的儿子都是自己循着自己的轨迹走，有时候我也觉得这是我很值得骄傲的部分。如果我过多顾及家庭，可能放弃的是‘大’，那坐在这个位置上（格力董事长）就是不称职的。我现在理解的工业精神，就是一种牺牲精神。”

现在很多家长在孩子教育方面患得患失，一定要让孩子按照自己的规划路线走（如上大学就要上清华、北大，找工作就要进国企、上市公司，找女朋友就要门当户对等）。一旦孩子有所违逆，家长就暴跳如雷，动辄打骂、横加指责。结果，不少“叛逆桀骜”的孩子就向着不好的方向发展。在孩子的教育方面，董明珠让孩子学会自己照顾自己，学会独立自信地走自己的路。未来，不论儿子在哪里、走多远，董明珠都是他的精神支柱。

柔性情怀：一曲《酒醉的探戈》

在电视节目直播现场，嘉宾满座，伴乐响起，人们纷纷拿出手机对着舞台上的“歌手”拍照。这位歌手不是“邓丽君”，而是格力董事长董明珠。

只见她嘴角轻绽，对着手机上播放的《酒醉的探戈》视频轻声唱起来：“我醉了因为我寂寞／我寂寞有谁来安慰我／自从你离开我那寂寞就伴着我／如果没有你日子怎么过／往日的旧梦好像你的酒窝／酒窝里有你也有我／酒醉的探戈／酒醉的探戈／告诉他不要忘记我／啊——酒醉的探戈……”

情感：带着儿子一直单身

在董明珠唱完之后，很多人都醉陶其中，陷入沉思，追忆一份份尘封的情感。这时，主持人杨澜“首先惊醒”，她忍不住惊呼：“今天唱得很惊艳！我们以为你只有大女人的豪爽，没想到你也有小女人的情怀！”

《酒醉的探戈》是著名华人女歌手邓丽君翻唱的经典老歌，表达了爱人分离后寂寞买醉的情形。现在从董明珠口中流出，显得那么柔肠百转、凄婉动人，让人情思翻腾、追忆往昔。自从亲爱的丈夫去世以后，20多年来，董明珠带着儿子一直单身，她把所有的精力和时间都奉献给了格力，做出了很大的牺牲。

单身女人难免寂寞，但是董明珠知道，自己已经将自己的命运和格力的命运捆绑在一起。多年来，在格力工作已经成为她生活中最重要的组成部分，正是有了格力，让她觉得更加充实、更加快乐、更加自豪。

2013年4月，董明珠做客央视《首席夜话》节目，破天荒地谈及了自己的内心情感。

当时，主持人乐嘉突然问道："成功的女老板必须舍弃家庭吗？"

董明珠笑答："不一定。在过去的时代，可能女性这种依赖程度比较高，所以一般夫唱妇随的现象比较多，女性是没有主见的。但是随着改革开放以后，女性自立、独立的能力越来越强，所以这时候，可能女性强一点男的会自卑。"

乐嘉又追问董明珠单身的原因，因为那是很多人都想知道的答案。乐嘉说："我很冒昧地问一个问题，这些年来，您带着儿子一直是单身，是不是这里面最重要的原因，就是您刚才自己讲的这样，让很多的男人看到你，他的自卑都会吓得他远去？"

董明珠充满睿智地回答说："我不知道，反正没有这个经历。人最终到老的时候，一定有一个人先去，一定有一个人孤单地生活。"

在交流中，很显然乐嘉来了兴致，既然是"首席夜话"，就要"有所爆点"。于是，乐嘉接着问董明珠："你这些年就没有碰到一个会让你心动的男性吗？"

董明珠幽默地说："有心动的太遥远，太近的不心动！"

乐嘉还是不依不饶地问道："你为什么不去努力争取呢？就像争取伟大的事业一样。"

董明珠笑着说："事业跟情感的东西，我觉得是不完全相同的。"

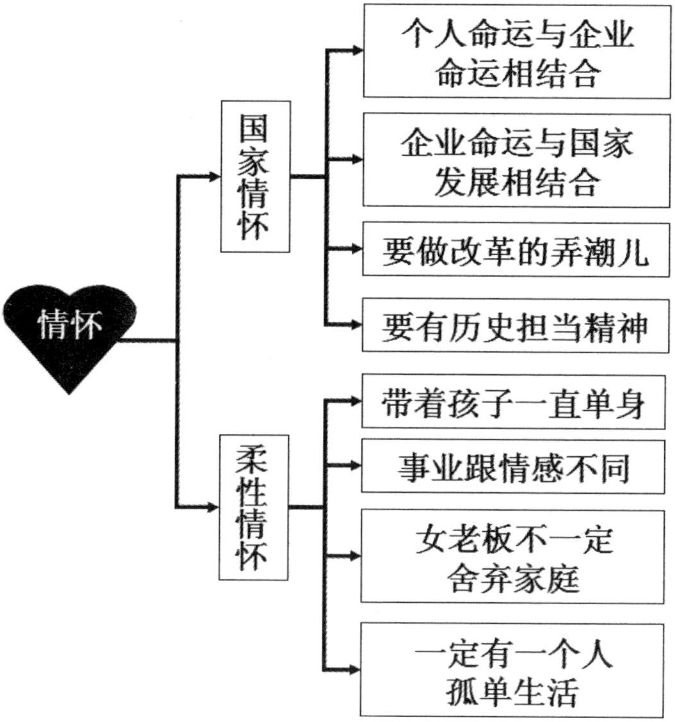

董明珠的情怀

个人、企业与国家相结合

多年来，董明珠将个人情感放在一边，她卖空调，就在各地经销商之间游走行销；她做领导，就在各个部门单位之间斡旋协调；她做代表，就在各种大策方针制订的过程中支招建言……

不知道董明珠的人，说她"狠""霸道""铁血"；了解董明珠的人，说她富有"企业家精神""敬业报国"，甚至有"小女人情怀"。正如《诗经·黍离》中所言"知我者谓我心忧，不知我者谓我何求”，意思是说：了解我心情的人，认为我心中惆怅；不了解我心情的，还以为我待在这儿有什么要求呢！

董明珠已过花甲之外，她所掌舵的格力已经稳坐空调业龙头老大的地位，利润纳税双超百亿，而她的个人财富已超过12亿，儿子已经大学毕业并找到工作。她还有什么要求呢？估计只有她自己心里知道了。事业目标比如再造格力可以说用5年的时间去实现，但是情感不能说来就来，需要一定缘分。要知道，事业跟情感完全不同，不是因为你功成名就了，情感就自然圆满。

人生百年，命运多舛，能与伴侣白头偕老是件很幸福的事情，但是所有生命都有终结的一天，迟早有一个人要先走，剩下的人难免要孤单地生活下去。在董明珠看来，孤单的生活不要紧，只要有所寄托，就能长期坚持下去。董明珠的寄托，不外乎就是为国家争光、为格力奉献，也为儿子默默付出。

董明珠说：“一个企业的命运一定要和国家的发展结合起来，应该敢于担当，对企业来说，首先要思考的是我能为国家做什么，然后再谈我们应该做什么。我们生长的时代是一个令人激动的时代。面临改革大潮，我们要做改革的弄潮儿，要有强烈的历史担当精神。革命战争年代要冲锋陷阵、英勇献身，现在就是要勇于改革、善于改革。”

面对未来，董明还是那样“特立独行”，在中国迈向制造业强国的进程中，她勇于担当、坚持改革。她已经将个人命运与企业命运、国家发展结合起来，她正带领着数万格力人攻克一个又一个技术难关，以打造智能家居，实现用科技改变生活的梦想。

附录

格力的企业文化

格力精神

企业精神：忠诚、友善、勤奋、进取

经营理念：制造最好的空调奉献给广大消费者

管理理念：创新永无止境

管理特色：合理化、科学化、标准化、网络化

服务理念：您的每一件小事都是格力的大事

人力资源理念：以人为本

格力愿景

缔造全球领先的空调企业

成就格力百年的世界品牌

格力使命

弘扬工业精神

追求完美质量

提供专业服务

创造舒适环境

核心价值观

少说空话，多干实事

质量第一，顾客满意

忠诚友善，勤奋进取

诚信经营，多方共赢

爱岗敬业，开拓创新

遵纪守法，廉洁奉公

核心理念

【企训】忠诚　友善　勤奋　进取

【企魂】给消费者以精品和满意，给创业者以机会和发展，给投资者以业绩和回报。

【企略】运用双赢智慧寻求发展空间，实施规范管理激活创新机制，容纳多种声音构筑和谐环境，追求个人梦想创造格力奇迹。

格力实文化

格力实文化是以“实、信、廉、新、礼”为核心价值观，以“忠诚、友善、勤奋、进取”为企业精神，以“少说空话、多干实事”为务实的工作态度，从而形成了外拓内敛的求实文化，又紧密结合中国改革开放的实际情况、围绕“以人为本”，构建和谐环境和符合全球化发展潮流的具有“格力”特色的企业文化，这独特的企业文化，支撑公司始终如一地坚持追求卓越、勇于创新，提高人类生活质量，促进社会进步，为社会创造最大财富。

实——是诚实、实干、实事求是、实实在在

“实”体现在公司战略上是实事求是，求真务实，心无旁骛地坚持走专业化和稳健发展之路；体现在市场经营上是反对不实的宣传，实实在在地通过优质产品来满足顾客需求，树立良好口碑，赢得市场；体现在工作上是树立脚踏实地、稳抓实干、多做实事、少说空话的务实的工作作风；体现在员工身上是保持优良品德，做诚实人、说老实话、干实在事，杜绝弄虚作假。

信——是信念、信任、诚信、守信和信义

精心打造优质产品，为人类提供舒适生活环境，是全体员工的坚定信念，是信仰之所在。信任是公司用人机制的“唯才是举”，公司领导对中层干部的信任、授权，以及中层干部对基层员工和员工之间的彼此信任。诚信是我们的经营理念。对消费者的诚信，是“不拿消费者做试验品”，以高品质的产品、服务奉献给全球客户；对经销商、供应商的诚信，是结成战略伙伴关系，实现多方共赢的局面；对股东的诚信，就是慎重决策，竭力所为，为股东创造最大价值；对相关方诚信，是坚守信用和道义，依法纳税，构建和谐社会，主动承担企业公民责任，为国家、社会做出应有贡献。

廉——是廉洁奉公、严于律己

公司是员工赖以生存和发展的基础，企业的发展决定员工的前途和出路，只有企业发展，员工才有希望。全体员工廉洁奉公、克己为人可以形成强大的动力，形成良好的企业精神风貌，所有员工凝成一股合力向目标奋进；而全体员工爱岗敬业、无私奉献又是公司成功的有力保证。

新——是创新、开拓、进取

公司通过不断进行技术、管理和营销创新，从而不断创造辉煌。公司鼓励创新，要求员工尊重科学但要勇于创新、遵守制度但要善于突破、脚踏实地但要努力向上，创造出更大价值。

礼——是尊重、平等、友善、团结和协作

公司以人为本，尊重员工。建立全程式（培养、锻炼、任用、提拔）“任人唯贤，人尽其才”的人力资源体系；要求员工对同事、顾客、相关方人员以礼相待；尊重领导，令行禁止；团结同事，精诚协作；平等处事，友好待人。

格力企业文化是以“实”为基础，衍生出“信”“廉”“新”“礼”。

格力大事记

1984年

1月20日，珠海市政府同意市经委成立“珠海经济特区工业发展总公司”——珠海格力集团公司的前身诞生了。

1985年

3月28日，珠海经济特区工业发展总公司由冼文同志重新组阁，这天被定为公司成立日。

8月，珠海经济特区工业发展总公司与香港超艺科技有限公司正式签署合资成立了珠海经济特区冠雄塑胶有限公司。

9月，北岭工业区由规划阶段进入正式建设阶段。

1986年

4月，中端公司表壳投入批量生产。

12月4日，塑胶公司正式投入生产。

12月17日，珠海市计划委员会同意兴建空调器厂。

1987年

4月6日，珠海经济特区冷气工程有限公司空调器厂正式注册成立。

1988年

5月4日，朱江洪受聘担任冠雄塑胶工业公司总经理。

1989年

1月6日，鉴于原厂名珠海经济特区冷气工程有限公司空调器厂过于烦琐，特向珠海市工商局申请，将企业名称变更为珠海海利空调器厂。

1990年

9月18日，珠海市政府批准成立珠海格力集团公司。年底，为理顺企业产权关系，树立集团公司的形象，珠海海利空调器厂更名为珠海格力空调器厂。

1991年

3月25日，聘任朱江洪兼任海利空调器厂厂长。

5月8日，格力空调器厂迁建厂区破土动工。

8月，海利空调厂、塑胶公司合并，成立珠海格力电器股份有限公司，朱江洪任厂长。

8~10月，全公司停产两个月进行产品质量整顿，对产品设计、工艺、检验、外协外购件、员工培训等方面全面整改，准备在1992年以全新外观、全优的内在质量向用户推出“格力”牌空调器。

11月28日，由格力集团公司、格力空调器厂、珠海华声集团有限公司三方共同签署了投股成立格力电器股份有限公司的合同，此合同由珠海市经济体制改革委员会签证后生效，并正式向珠海市经济体制改革委员会申请成立“珠海市格力集团电器股份有限公司”。

1992年

1月23日，珠海市格力集团电器股份有限公司领取营业执照，海利牌空调器正式更名为格力牌空调器。

9月，格力电器在中国专利、新技术、新产品博览会上获金奖。

同年，时任格力电器华东片区业务经理的董明珠率先打破“代销”这条僵硬的市场规则，确定“先付款后发货”的原则。

1993年

6月，格力电器入选“中国100家最大电气机械制造业企业”行列。

11月18日，投资2亿元、占地10万平方米的格力电器厂完工，生产线试车成功，新厂落成剪彩，正式投入生产。

同年，研制出节能型分体机“空调王”，它是当时世界上制冷效果最好的空调器，能效比超过3.3（当时的国家标准是2.3）。不久，“空调王”投放市场，立即引起轰动。

1994年

4月2日，《格力电器》报诞生，朱江洪总经理为《格力电器》报题写报头及创刊词。

5月，格力电器荣获中国家电商业协会等单位授予的“中国首届国产名牌空调综合实力20强”。

9月，公司决定成立售后服务部，公司在人、财、物上大力支持，在全国各大城市设立了102个维修点，建立了售后服务信息网。

11月14日，胡锦涛同志视察格力电器股份有限公司，并题词留念。

同年，董明珠出任经营部部长，创造性地推行了“格力淡季销售政策”；格力电器被国务院发展研究中心评为“（1949~1995）全国出口量最大、品种规格最多的空调机生产企业”，创造了两项中国之最；格力电器在全国大中城市家用空调用户调查中被评为“用户信得过的产品”；格力空调通过了德国安全标准认证，成为中国大陆第一个拿到“欧洲家电市场通行证”的产品，同时，格力空调还通过了日本JIS认证。

1995年

3月，格力电器通过ISO9001国际质量体系认证初审，格力空调的质量体系开始与国际接轨。

3月28日，格力集团公司为庆祝成立十周年举办了产品展销、员工书法、美术、摄影作品展览等一系列活动。

7月，格力电器成立空调行业独一无二的“筛选分厂”，对进厂的零部件进行全面检测，严格控制外协外购件质量。

9月，格力电器总经理朱江洪签发“总经理12条禁令”，在质量上“大开杀戒”。

12月，格力电器被中国轻工总会授予“全国轻工业优秀企业”称号。

12月19日，格力（丹阳）电器有限公司组建。

同年，董明珠上任满一年间，经其内外部系列整肃，格力电器销售业绩翻了7倍，格力空调产销量跃居全国首位；同时，格力电器荣获欧盟认证机构颁发的中国大陆第一份CE审查证书，标志着格力电器从此稳握开启欧盟市场的“金钥匙”。

1996年

1月，广东省经济委员会授予格力电器“企业技术进步奖”，同时授予朱江洪总经理“企业技术进步突出贡献奖”。

7月，格力电器通过ISO9001国际质量体系认证，标志着格力电器从此有了进入国际市场的绿卡。

11月，格力向市场推出了“更冷、更静、更省电”的分体空调“冷静王”，能效比高达3.35，噪声仅为34.2分贝，是当时国内噪声最小、制冷效果最好的空调。

11月8日，格力电器二期技术改造工程胜利竣工投产庆典活动在厂区内举行，竣工后格力电器年产空调器达250万（套），单产规模世界第一位。当月，中国消费者报社授予格力电器“售后服务先进单位”称号。

11月18日，格力电器股票在深交所上市，以每股税后利润最多、股价最高、日升幅最大，被股民众口一词誉为“中华第一股”。

12月16日，国家统计局和央视调查咨询中心联合发布全国31个中心城市抽样调查结果公告：格力空调居1996年空调类产品“全国市场占有率第一位”“产品质量评价第一位”“售后服务质量评价第一位”，到1999年为止，连续四年获此殊荣。当月，格力电器荣获“第三次全国工业普查先进集体”“中国质量万里行活动（1992~1996）光荣榜荣誉企业”称号。

1997年

1月，中国技术进步信息发布中国授予格力空调“1996中华家用空调第一品牌”荣誉称号。

3月，格力牌（空调）在首届中国CIS战略成果认定中，被认定为著名品牌。

6月30日，格力空调荣获欧洲企业家协会颁发的“第22届国际最佳品牌奖”。

7月1日，珠海格力中瑞表业有限公司更名为“珠海格力罗西尼表业有限公司。”

9月，格力电器销售公司荣获“广东省模范集体”称号。

12月20日，格力电器在湖北成立了由经销商共同参股的区域性销售公司，开创了21世纪经济领域的全新营销模式。该新闻被《空调商情》列入“九八空调大事记”。目前，格力拥有27家区域销售公司。

同年，董明珠被任命为主管营销的副总经理；《人民日报》和中央电视台调查结果显示，格力空调1997年市场占有率达12.98%，位居同行业第一。

1998年

2月，中国轻工总会宣布，格力电器1997年空调产量118.3万台、销量116.4万台、出口量11.2万台，三项指标在全国同行业中均居首位。

9月8日，珠海对口支援万州移民开发区移建工程——重庆格力新元电子元件有限公司正式开业。

9月12日，重庆格力电器销售有限公司宣告成立。

12月31日，格力集团工业产值突破100亿元大关。

1999年

1月5日，“格力”图形、英文、中文组合商标被国家工商局商标局认定为驰名商标。

3月，“格力”（空调）正式被国家工商行政管理局商标局认定为“中国驰名商标”，这意味着企业的知名商标专用权可以得到世界《保护工业产权巴黎公约》所有成员国的特殊保护。当月，河南格力电器销售有限公司宣告成立，至此，格力电器已相继成立了11个区域销售公司，标志着格力电器的市场正朝着健康稳健的道路发展。

4月，格力电器副总经理董明珠荣获全国“五一劳动奖章”。

10月22日，格力电器巴西有限公司在巴西亚马孙州玛瑙斯自由区成立，标志着格力电器向成为跨国公司的远景目标迈出了关键性的一步，这是格力电器实施国际化战略的一个重要里程碑。

12月27日，全省重点大型企业集团第四次工作会议通报，格力集团进入广东省大型企业集团前十名。

2000年

3月18日，格力集团公司为庆祝成立十五周年举行了记者招待会、书画摄影展、电影周、网络经济报告会等一系列活动。

4月28日，格力电器股份有限公司总经理朱江洪被评为“全国劳模”。

2001年

2月，格力电器获“国家首批产品质量免检企业”称号。

4月，47岁的董明珠出任格力电器总裁，明确提出“百年企业，人才管理是基础”。从一位普通员工做到“裙子CEO”，董明珠仅用了11

年的时间。

6月6日，格力电器（巴西）有限公司在巴西玛瑙斯市正式开工剪彩。

8月31日，重庆高新区管委会为格力电器（重庆）有限公司一期厂房举行了隆重的奠基典礼。

9月1日，2001年度“中国名牌产品”评价活动在人民大会堂揭晓，格力空调获得国家质量检验检疫总局授予的“中国名牌产品”称号。

2002年

2月，格力在质量管理上不断创新，引入六西格玛管理法，并迅速制订出实施规划，全面系统性开展。

3月，格力集团获珠海市政府授权经营。

4月，格力商标荣获“2001中国十大公众喜爱商标”称号。

5月18日，格力电工（马鞍山）有限公司揭牌仪式在马鞍山皖通公司举行。

5月18日，珠海格力电器重庆空调生产基地一期厂房竣工暨生产线开工典礼在重庆高新区二朗科技新城举行。

6月8日，广东省经贸委、广东省统计局评选出2001年广东全行业50强企业，珠海格力集团公司位列第15名。

9月1日，“2002年中国名牌产品”公布名单和颁奖仪式在人民大会堂举行。格力罗西尼表业有限公司的“罗西尼”手表获得“2002年中国名牌产品”的殊荣，成为继“格力”空调后第二个荣获此称号的珠海产品。

2003年

6月，2002年度广东全行业最大50家企业揭晓，格力集团位列第17位。

8月，2003年中国500强名单在北京发布，珠海格力集团公司名列第

104位。

9月，在广州召开的“全省实施名牌带动战略工作会议”表彰奖励了广东省获得中国名牌产品和中国驰名商标称号的企业，宣读并表彰了荣获广东省名牌产品称号的生产企业。格力集团因拥有“格力空调”和“罗西尼手表”两个中国名牌产品、“格力”商标为中国驰名商标被列入第一批表彰奖励名单。

12月，格力电器四期工程竣工。

2004年

3月，“罗西尼”商标被国家工商行政管理总局商标局认定为中国驰名商标。当月，国美单方面降价，破坏商业秩序，格力为保护广大经销商的利益，宣布退出国美，自建渠道。至今格力拥有专卖店近2万家，成为业界渠道模式的榜样。

4月18日，珠海格力电器股份有限公司重庆生产基地二期工程投产典礼在重庆高新技术开发区二郎科技新城隆重举行。占地199亩、建筑面积11万平方米的重庆生产基地二期工程投产后，格力电器重庆生产基地的年产能跃升至200万台（套），格力电器的总年产能也由此突破1000万台（套）。

4月30日，珠海市政府常务会议决定，采取“土地+市属权益+国有企业产权”的方式，一次性彻底解决市政府与格力集团的债权债务问题。

5月，格力电器家用空调经营部被珠海市委、市政府授予“珠海市先进集体”称号。

6月30日，广东省经贸委和省统计局公布了2003年度广东最大50家企业和广东最大50家工业企业排行榜，格力集团分别位列第15位和第8位。

9月，中国行业企业信息发布中心发布了2003中国最大500家企业集团排名，按营业收入格力集团位列第72名。

9月5~6日，中国企业联合会、中国企业家协会在重庆举行“2004中国企业500强发布会暨高层论坛”，公布了2004年度中国企业500强名单，格力集团排名第88位。

9月12日，由国家税务总局有关部门举办的“中国纳税百强新闻发布会暨企业高峰会”在北京召开，格力电器股份有限公司以纳税总额超过6亿元的优异业绩，列“2003年度中国上市公司纳税百强排行榜”第65名，并在“制冷、空调设备制造行业纳税排行榜”中位列第1名。

10月15日，格力电器召开临时股东大会，就9月11日格力集团与格力电器签署的《格力集团与格力电器关于转让凌达、小家电、电工、新元部分股权的合同》进行表决，在格力集团按规定回避表决的情况下获得全票通过。根据合同，格力集团将直接持有凌达70%的股权、小家电75%的股权、电工70%的股权、新元80%的股权，依照中介机构的审计、评估结果，合计作价1.48亿元转让给格力电器。

10月19日，中化集团与珠海市政府签订协议，同意全力推进中化集团与格力集团合作在高栏港建设大型石化仓储基地，首期投资6亿元，建设2个8万吨级码头，4个5千吨级码头和52万立方米仓储项目。

12月29日，中国银行珠海市分行与珠海格力集团公司在珠海度假村举行综合授信协议签字仪式。双方正式签约，给予格力集团综合授信额度12.8亿元人民币，支持集团工业、房地产和石化三大板块的产业重组和资产整合。

2005年

1月，格力磁电公司与韩国InkTec公司在珠海正式签订全面战略合作协议，由韩国InkTec公司提供技术支持，委托格力磁电生产其全部打印耗材产品，并逐渐渗透到新产品研发和技术合作的深度。

1月7日，深交所宣布对深圳成分指数样本股进行调整，更换两家样本股，调出深宝安A、石油大明，调入海虹控股和格力电器。此次被调出的两只成分指数样本股都是近期跌幅较深的个股，而格力电器在2004年大盘走势不好的情况下，股价上涨了17.9%。此次调整将从2005年1月24日开始。

2月，格力磁电公司搬迁至建筑面积达1.3万平方米的新厂房，这将使格力磁电产能成倍扩张。

3月，据国家统计局、中国行业企业信息发布中心统计显示：罗西尼表荣列2004年度全国市场同类产品销量第一名。

3月28日，格力集团成立二十周年纪念日。为庆祝这一节日，格力集团举办系列活动，包括格力集团二十周年体育节、格力老员工访谈、美术书法摄影比赛、珠海电视台播出纪念格力成立二十周年电视专题片《欲上青天揽明月——格力集团二十周年掠影》《珠海特区报》连续刊登格力专题报道等。

7月，由国际权威质量评价组织——B.I.D（Business Initiative Directions）主办的第19届国际质量大会暨国际质量最高奖颁奖典礼在美国纽约举行，格力电器因在经营业绩、商业声誉、质量管理等方面的优异表现，被该组织授予“杰出成就与商业声誉国际质量最高奖”，成为中国家电行业中唯一获此殊荣的企业。这也是格力电器继2001年在法国巴黎获得B.I.D颁发的“WQC（世界质量认证）国际之星金奖”后，再次荣获该组织颁发的权威质量大奖。本月，最新出版的美国《财富》杂志（中文版）公布了其评选出的2005年度中国上市公司100强，格力电器以销售收入138.32亿元、利润4.2亿元、市值127.6亿元、总资产53.47亿元的优异业绩入选，排名第56位。这已是格力电器连续5年入选该榜。

7月29日，由国际著名的评级机构标准普尔（Standard & Poor's）评选的“中国最大的100家上市公司”名单揭晓，格力电器以2004年度销售收入138.33亿元的业绩名列第48位，是唯一入选的专业化家电制造企业。

8月，格力罗西尼入选珠海广播电视台举办的“2005年ZHTV观众最喜爱的珠海十大品牌”。当月，世界品牌实验室在北京公布“2005年中国500个最具价值的品牌”排行榜，格力罗西尼以9.91亿元品牌价值排名第414位，位居同行业第一位。

8月24日，中国家电行业首台拥有自主知识产权的大型中央空调——离心式冷水机组在格力电器正式下线，并启程发运到安徽黄山一五星级酒店——中国徽州大酒店投入安装调试。离心式冷水机组是目前国际上能效比最高的大型中央空调机组，主要用于8万平方米以上的大型建设项目，此前只有美国、日本等发达国家的少数几家企业掌握了其核心技术和生产工艺。格力自主研发设计生产的此款离心式冷水机组，填补了中国家电企业在大型中央空调领域的空白。

9月，格力罗西尼手表进入沃尔玛中国销售体系，成为首家在沃尔玛开设专柜的国内品牌。

11月，罗西尼表荣获由中国婚博会组委会颁发的“2005年中国新婚消费手表首选品牌”称号。当月，世界首台超低温热泵数码多联机组在格力问世，是1999年以来我国第一项获“国际领先”评定的项目。11月7日，由格力电器自主研发生产的中央空调——Digital Heating数码涡旋超低温空气源热泵（空调）多联机组顺利下线，打破了发达国家对中央空调的技术垄断。这是一种广泛适用于北方寒冷地区住宅采暖需求、在超低气温下制热效果优越、十分节能省电的新型中央空调。

12月，格力电器以2005年1~11月出口额高达3.71亿美元的优异业绩，入选海关总署最新公布的“全国国有企业出口100强”榜单，排名第29位，并比去年上升了21位，是广东省唯一一家入选的空调企业。

目前，格力电器已经在全球100多个国家和地区建立了销售和服务网络，并将“格力”牌产品成功打入英国、法国、巴西、俄罗斯、澳大利亚、菲律宾、沙特、印度等40多个国家和地区的家电市场，公司家用空调销量突破1000万台（套），实现销售世界第一的目标，成为全球家用空调“单打冠军”。

12月9~10日，由商务部主办的“全国自主出口品牌建设工作会议”在人民大会堂召开，格力电器在会上被授予“中国出口名牌”称号，是珠海市唯一获得这一称号的企业。

2006年

1月12日，珠海格力磁电有限公司的“MMC”商标被广东省著名商标认定委员会认定为广东省著名商标。

5月，全球首台热回收数码多联空调机组在格力面世，列入2007年国家级火炬计划。

7月，第三届“全国工业重点行业效益十佳企业”信息发布会在人民大会堂隆重举行，中国行业企业信息发布中心发布了2005年度全国工业重点行业效益十佳企业信息。在“家用空气调节器制造行业”评选中，珠海格力电器股份有限公司和其下属的格力电器（重庆）有限公司均榜上有名。

8月2日，中国名牌战略推进委员会发表公告，公布了2006年中国世界名牌产品初选名单，并向全社会进行公示。根据公告，初选名单包括4个产品，其中有格力电器股份有限公司生产的格力牌空调器。

9月6日，格力电器股份有限公司生产的GREE格力牌空调器被中国最高质量技术检测监督机构——国家质检总局和中国名牌战略推进委员会共同授予“中国世界名牌产品”称号。在人民大会堂隆重举行的授牌仪式上，格力电器股份有限公司总裁董明珠代表格力电器领奖。

据了解，这是中国名牌战略推进委员会第二次公布“中国世界名牌产品”名单，仅有4个企业的4个产品入选。空调产品是今年首次进入了“中国世界名牌产品”名单，格力空调由此成为中国空调行业第一个也是唯一一个世界名牌产品。

11月4日，“2006全国追求卓越大会”在北京举行，格力电器被授予国家质量管理最高奖项——“全国质量奖”。这是格力电器继荣膺“世界名牌”“行业标志性品牌”两项顶级荣誉后获得的又一殊荣。格力电器在一年之内独揽这三大顶级荣誉，震撼业界，这在中国企业是非常罕见的。

11月25日，国家质量监督检验检疫总局授予格力牌窗式空调“出口免验”证书，从而成为中国空调行业首家获得“出口免验”的企业。这是格力电器今年先后被授予“中国空调行业标志性品牌”“中国世界名牌”“全国质量奖”等顶级殊荣后，获得的又一项最高荣誉。

12月，格力磁悬浮离心式冷水机组正式下线，标志着格力电器成为目前全球第四家、国内第一家真正掌握该技术并实现批量生产的空调厂家。

2007年

1月，格力空调被国家商务部评定为“最具市场竞争力品牌”，再次以优异的国内外市场表现树立了行业的标杆。

2月，格力被商务部授予“最具市场竞争力品牌”称号。

7月，格力电器被国家人事部、国家质量监督检验检疫总局联合授予“全国质量工作先进集体”称号，是中国家电业唯一获此殊荣的企业。

2008年

2月，格力电器发明的“热泵型空调器除霜控制方法”（简称“智能化霜”技术）荣获第十届中国专利奖优秀奖，成为本届中国专利奖空调行业唯一获奖单位。

3月，格力自主研发的国内第一台热回收数码多联空调机组列入2007年度国家级火炬计划项目，是空调行业唯一入围的项目。

4月，格力电器荣获中华全国总工会颁发的“全国五一劳动奖状”。

8月，北京奥运媒体村选用的格力直流变频多联中央空调凭借高质量获得奥组委首肯，格力电器获得组委会颁发的“保驾有功”锦旗，是唯一获此殊荣的空调企业。

12月30日，世界权威的品牌价值研究机构——世界品牌价值实验室举办的“2008世界品牌价值实验室年度大奖”评选活动中，格力电器凭借良好的品牌印象和品牌活力（良好的品牌行业领先性和品牌公众认知度），荣登“中国最佳信誉品牌”大奖。

2009年

3月，“国家节能环保制冷设备工程技术研究中心”落户格力，这是中国制冷行业第一个国家级工程技术研究中心。当月，具有100%自主创新产权的第三代直流变频技术G-Matrik技术宣布问世，一举解决了变频压缩机在低频运行时震动大、空调启动对电网和其他电器的干扰等技术难题。

5月，格力电器“超低温空调制热”技术荣获广东省专利金奖，成为唯一连续两年摘获金奖的家电企业。

6月，格力电器壁挂式空调器荣获国家质检总局“出口免验”资格，这是空调行业第一家也是唯一一家获得此资格的企业。

10月24日，格力“出水温度16℃~18℃高效离心式冷水机组”问世，不但有效解决了当前我国大型公共建筑能耗居高不下的难题，且大大提高了大型中央空调技术水平。

2010年

4月27日，在广东省轻工业协会组织的“新一代G-Matrik（又称G10变频引擎）低频控制技术”科技成果鉴定会上，格力电器自主研发的“G10变频引擎”低频控制技术被专家组鉴定为“国际领先”水平，其中格力G10变频空调被鉴定为“国际先进”水平。

6月，格力离心式冷水机组和螺杆式冷水机组共29款水冷冷水机组全部通过了美国空调供热制冷协会AHRI认证，成为首家获得水冷冷水机组AHRI认证的中国空调生产商。

7月15日，格力在人民大会堂全球首发G10低频控制技术、高效离心机、高效定频压缩机三大核心科技，分别应用在变频空调、中央空调和定频空调领域，其主要技术指标不仅领先国内同行，也超越美、日、欧等国际同类产品。

12月，国家知识产权局和世界知识产权组织在北京举行第十二届中国专利奖颁奖大会，格力电器的“滑动门”专利获得中国专利优秀奖。

同年，国家科技部组建的国家节能环保制冷设备工程技术研究中心落户格力，这是中国制冷业第一个也是唯一的国家级工程技术研究中心。

2011年

7月14日，全球首条碳氢制冷剂R290（俗称“丙烷”）分体式空调示范生产线在格力电器正式竣工，被中德两国联合专家组一致鉴定为“国际领先”。

8月，格力冷暖辐射生活热水多功能一体地暖户式中央空调被鉴定为“国际领先”水平。

12月，全球首台直流变频离心机组在格力电器下线，被鉴定为“国际领先”，引领大型中央空调走进直流变频时代。

2012年

1月8日，巴西政府主管机构向中国格力空调公司颁发“A级能源标签证书”和“节能之星”奖杯。这是格力公司连续第8年获得巴西政府颁发的最高节能认证。

2月14日，格力1赫兹变频技术荣获国家科学技术进步奖，成为该奖项设立以来唯一获奖的专业化空调企业。3月，其在郑州的基地投产，至此，格力电器已完成东、南、西、北辐射全国市场的战略布局，品牌效应和规模优势越发显著。

3月，格力形象片亮相纽约时代广场，充分显示了格力电器搏击国际市场的决心和信心。

4月，美国著名商业杂志《财富》（中文版）发布“中国最具影响力的50位商界领袖”榜单，格力电器总裁董明珠位列第12名。此为第5次荣登《财富》“全球最有影响力商界女性50强”排行榜。

5月，董明珠升任格力电器董事长兼总裁，全面掌管格力电器。

6月14日，中国轻工业联合会授予珠海格力电器股份有限公司等100家企业“2011年度中国轻工业百强企业”称号。

12月，格力“双级增焓变频压缩机的研发及应用”被鉴定为“国际领先”，改写空调行业百年历史，引领空调行业进入一个新的时代。当月，格力电器环保成果获联合国认可，率先承诺全部采用新冷媒，引领行业环保升级。

2013年

12月，“格力光伏直驱变频离心机系统”被专家组鉴定为“全球首创、国际领先”，开启中央空调“零能耗”时代。

当年，格力中央空调“石家庄工业余热热泵供暖项目”完成试运行，有效利用废弃热能，大幅度降低建筑能耗，推进冬季集中供暖模式变革。

2014年

11月26日，在第四届中国家电营销年会闭幕式上，中国家电协会秘书长陈刚公布了中国家电行业“磐石奖”获奖名单，格力电器荣膺家电制造商“2014年度中国家电行业最具影响力品牌”。这是格力又一次荣膺“磐石奖”。

格力电器在2014年实现了营业总收入1400.05亿元，同比增长16.63%。在中国品牌研究院联合《品牌观察》杂志揭晓的2014年中国最有价值品牌500强榜单中，“格力”以品牌价值1108.45亿元位列第20位，成为家电行业最具价值的品牌，也是家电行业品牌价值唯一突破千亿元的企业。

当年，格力官方商城重磅上线。

2015年

1月9日，国家科学技术进步奖获奖名单正式公布，格力电器凭借“基于掌握核心科技的自主创新工程体系建设”项目荣获国家科学技术进步奖“企业技术创新工程类”二等奖。

新形势下的企业发展
——董明珠在“女性成功论坛”的演讲

各位女同胞大家下午好，我真的很开心，我很久没有在这里畅所欲言了。我们今天说什么呢？我们在一生当中追求什么，想干成什么样的事才是最大的幸福，我在这里把我的心得体会和大家分享。

首先，要讲的是我们人生要有目标。每个人在不同的行业干不同的事，但我们都有一个共同的理想，就是实现人生目标。人生目标是因为我们给社会创造了财富。所以我告诉大家，我的目标是让格力成为全世界消费者最信赖的品牌，不是中国，而是全世界。我曾经说过，如果因为格力的伟大，因为我们格力能够让全世界重新看我们中国人，这就是我们的骄傲。这是我们要努力做的一件事情，而且我希望有一天，我们中国的语言成为世界语言，这也是每位中国人企盼的。

我想把一个片子跟大家分享。这是胡锦涛主席在2月16号对我们说的话，这段话对我来说也更加坚定了我的人生目标。我没有想到胡锦涛主席对我们这样的品牌非常关心，因为他访问期间听到别人给他这样的反馈，作为我们企业家来讲，我们真正的人生目标不是个人获得了多少，而是给国家、社会带来了什么，这点尤其重要。

所以第一我要讲人生价值观，是用什么衡量？是因为我是有钱人吗？不是，我认为人生价值观体现在为社会创造财富，把个人的智慧和社会联系起来，而不是个人的财富，不是一时的辉煌。我们追求的是一生当中在努力、拼搏。我想再放第二个片子，跟大家一起分享。这首歌是我过生日的时候别人送给我的，让我感受更深的是为别人做一点点，别人用十倍来感激你。我们的社会、国家都是美好的，每个人都伸出援助之手，我们的国家会更富强，社会会更美好。

所以我的人生感悟是，一个人的这一生应是在拼搏当中度过，在乎过程而不在乎结果。我们在这个过程中一定有一个坚定的信心，首先是挑战自我，在挑战过程中不断领悟、学习、提高，最终超越自我。我希望我们永远是帮助别人的，而不是别人帮助我们的人。我曾经讲过一个故事，这个故事不真实，但表现出一种现象：有两个人曾经来到人间，上帝问他们，你们俩到人间想干什么？有个人说我希望别人天天给我，另外一个人说我希望天天可以帮助别人。希望别人给他的人成为了乞丐，另外一个愿意帮助别人的人成为了对社会有用的人。所以一个人的一生当中最大的幸福是可以帮助别人，所以我要做一个帮助别人的人。这是我的一点感悟，希望和大家共勉。

我们企业在发展中面临很多问题，比如我们自己也想象不到的外部环境变化，但我们自己要有一个坚定的信念，只要有了坚定的信念，我相信任何困难都不在你的话下，任何困难都敢于挑战，任何困难都能被你打垮。新形势下的企业发展，作为格力电器，我们总结出，第一我们要有一种坚持，坚持“诚信、共赢”的经营思想。如果一个人没有诚信，就失去了社会对你的认可，所以我们格力电器一直坚持这个思想，企业在发展过程中，不是仅仅自己发展起来，而要因为你的发展带动别人共同来发展，只有共同发展才能持续长久。格力作为百年企业就一定要在这样的经营理念下开展工作，所以格力用18年的时间从2000万做到了420亿。

怎么样使我们诚信、共赢呢？要有一种执着的精神和坚定的信心。我们有一个目标，就是要为中国争口气，为中国打造出世界的品牌，基于这点我们要奋斗、我们要努力，这就是我们坚持下来的动力。在坚持过程中，我们有很多分歧，第一个是专业化，格力是一个富有挑战性的企业，不是挑战别人，而是和自己进行挑战。我们曾经就多元化进行讨论，争论谁是对的，谁是错的。如果我们从表面现象看，也不外乎是美国金融危机渗透到我们企业的发展，很多企业选择的是多元化，最大的特点是可以逃避，可以选择，却也因为不断选择而失去了自己专注于自己领域的领先地位。当我们得到的时候，真的是在失去，因为左顾右盼，选择投机的心理、投机的方式来经营一个品牌、企业。我们坚持选择了专业化。专业化最大的问题是看上去没有选择，格力是中国目前唯一一个只做空调的企业，很多人说我空调不行可以做冰箱，冰箱不行可以做彩电，始终没有自己的核心技术。

我们在选专业化的时候看到了风险，最大的风险是当产品质量不能保证的时候，当消费者离你而去的时候只有死路一条，恰恰因为这点，给了我们一条出路，那就是勇往直前，要做消费者最满意的产品，这就是我们的追求，因为有了这个无限的追求所以才赢得了市场。所以我们对专业化、多元化进行评估之后，最终选择自我挑战的一条道路，就是坚持走专业化道路。

我们坚持走专业化道路，格力在这个发展过程中经历了四个阶段。第一个是营销阶段，严格意义上，1991~1994年是营销阶段，是投机的状态，我们宁愿把产品骗出去，把经销商的钱赚回来就是赢家。我们发现企业发展光靠营销是不行的，唯一支撑企业发展的是产品质量，所以1995~1997年我们注重了品质的需求，提出“打造世界一流品牌”这个口号，当时进行了很多改革，比如建立成本控制等一系列的相关措施。到了1997~2000年，我们没有自己的核心技术，中国所有与外资合资的企业都是依赖别人的技术发展的，这样发展永远没有竞争力，永远是依附别人站起来的。我们在日本也想引进外资企业的技术的时候，遭到了冷遇。因为我们买的是世界上最先进的技术，当我们提出要买技术的时候他们告诉我，这是目前世界上最先进的技术，不可能卖给你们，反过来当时我们中国所有的合资企业基本上是购买他们淘汰的技术，这种情况下怎么办？唯一的出路就是自主创新，走自主品牌的道路，所以2000年开始我们加大了对技术研发的投入。

目前来讲，我们在制冷行业拥有的设备是全世界最多的，拥有的专利也是世界最多的。到了2001~2003年，我们发现了第四个问题，人才问题。什么是人才问题？整个核心队伍，干部队伍建设的问题是很重要的问题，我们的员工是草，干部是风，风怎么吹草怎么跑，所以要抓干部队伍的问题。2003年我们从四个创新角度——营销、技术、管理、人才进行创新，非常快速地增长。2008年420亿，有所缓慢是因为物价进行了调整，确实金融危机出现之后市场出现了发展缓慢现象，特别是出口，我们体现了自主品牌的特性。过去主要以贴牌为主，经过调整我们认识到应该选择什么样的道路，所以格力经过这四个发展阶段。我们2008年虽然销售额增长不高，但利润增长了50%～60%，这是产品技术的领先决定了企业取得的领导地位。今年依然保持30%的增长速度。

第二我讲创新，我们认为创新是一个企业发展的永无止境的追求。很多人把创新作为一个词来说，作为一个概念、时髦来讲，实际上创新背后是什么？是一种奉献和敬业的精神。创新无时不在，不仅是技术层面，我们的管理、人才、制度每个方面都存在着创新。我从技术角度讲：第一，我们认为没有创新的企业是没有灵魂的企业。因为它没有自己的核心技术，永远依赖于别人，所以我们坚持一定要有创新才是企业发展的无止境的追求。第二，我们认为没有精品的企业是丑陋的企业。如果说靠打价格战，没有好的产品服务消费者，消费者一样会离你而去。空调行业有很多知名企业，现在已经逐步退出了历史舞台，就是因为没有自己的技术、没有创新。空调行业有400多家企业，活下来的所剩无几，两年前很多企业说我们在空调行业是老大，都说自己是第一，但去年、前年他们已经不再说了，因为格力和他们的差距已经由原来的1个亿拉开到200亿，数字已经让他们无法掩饰自己的落后。第三，没有核心技术的企业是没有脊梁的企业。企业必须要打造自己的品牌，拥有自己的核心技术，这是我们一直坚持走的一条道路。我曾经说过，我们拿过来这捧花，我认为都是有技术的，如何让人看着爱不释手就是技术，所以每个不同行业里的企业都要创造地位领先的、自己的核心技术。别人有了我要比别人更好，别人没有的时候我一定要有。

2000年，我们在技术上进行大量投入，但速度发展不快，从2003年开始每年投入研发经费有十几亿，很多人说董明珠很傻。如果为了简单的盈利的目的，你的企业只能是生意，不能称之为企业，真正的企业要打造百年企业，只有这样投入才是最有价值的。现在，我们由于这样的投入，掌握了很多核心技术。我们有些中国人很崇洋媚外，其实很多产品都是中国生产的。我坐在哪个酒店里5分钟，我就知道这个空调是什么品牌。格力是最好的，噪音是最低的，同时也是最节能环保的，因为我们追求技术领先。我们用格力和日本大金的合作，打破了这么多年的潜规则，格力电器第一控股，第二没有技术转让费，而且开发的是全球没有的新技术。所以格力是为我们争了一口气，很多媒体采访的时候觉得不可相信。所以我想，作为一个企业家要承担的责任不仅仅是赚钱，而是创造我们国家的财富。

借这个机会推荐一个最新的产品，利用空调的特点制造的热水器，节能、舒适、环保，第一没有触电的危险性，没有停水的危险性，而且非常节能。希望各位使用我们的热棒热水器。

最后讲一个责任问题。我们很多企业在讲创业的时候是不是认为李嘉诚是最成功的人？我不认为。大家讲什么人才能创业成功，有人说要有人脉关系。我们如果仅仅靠人脉关系做企业也是不可能成功的，唯一成功的原因是要坚持挑战，同时勤奋努力。只有这样的挑战精神才可能谈创业。第二什么是创业呢？不是当老板就是创业，我不是老板，我到今天还是为国有企业打工，我是真正的高级打工者，我没有钱，但我有财富。我让全中国只要做格力空调的人都富起来，这就是我最大的财富。所以，我们讲责任的时候，第一个责任是改革开放30年，过去的30年可能如邓小平同志讲的，我们要让中国一部分人富起来，但是我们富起来之后干什么？后30年我们应该用我们的能力让全中国人富起来，这就是我们的责任，这就是我们和国家利益保持一致。

第二个责任是企业要做一个优秀的纳税人，遵纪守法。我们企业经历了很多，经历过国家审计署审计、财政部审计、税务总局审计，经营过程中也听到朋友说，今天我去找关系，有什么人来查我们。为什么这样做人呢？我们国家必须靠纳税人的贡献，才能富强起来，如果没有纳税人就没有国家的富强。

第三，我们的企业今天已经国际化，我们作为中国人，怎么样走向世界，怎么让世界了解中国呢？实际上，我们很多人推崇德国人，我们凭什么说德国人优秀？为什么有这样的印象？是因为用了他的产品，比如宝马、奔驰，我们中国小剪刀5块钱就可以买到一个，如果买德国的小剪刀可能需要100块钱，最后用完还是觉得德国的好。所以作为企业家追求的是品质，不是简单的价格战。我们要走向世界，让全世界认识我们中国人，要靠我们企业家共同的努力，把我们最好的产品贡献给全世界，让全世界享受我们的产品，在这个过程中感受我们中国人的力量。

所以，我们认为一定要制造出质量最好和最先进的产品，同时在这个过程中我们的目标是实现不需要售后服务的最高境界的服务。在1997年，一个家电企业曾经说过，如果一个消费者花了几千块钱买了空调，可消费者用了一个小时之后就打电话过来，这样即便服务再好，有用吗？所以作为一个企业的追求就是消费者不需要售后服务，只有这样的产品才能让全世界满意，只有用了你的产品之后不需要售后服务，才能让世人都满意、认可。

我们格力确实已经走向国际，我想谈一点我个人的体会。很多人在国外投资，认为所谓国际化企业就是到国外建一个工厂。但我的理解不是这样，一定是把你的产品送上全世界才是国际化企业。一个企业家不仅是对你自己负责任，而且要对社会、员工负责任。我们有的企业拿出几十亿到外面没了，得到的是经验，失败的经验，通过失败的经验总结。我再一次对话的时候有人说，你们格力怎么不教学费呢？我说你们都交了学费，如果再交学费的话，我们不是笨蛋你们就是笨蛋。在座的各位企业家，自己的企业如果走国际化，一定要搞清楚自己的位置，当地有市场再投工厂，所以我们讲国际化的时候必须要考虑严谨，谨慎地走好每一步。由于坚持谨慎、严谨的态度，我们在全世界有了三个工厂，巴西工厂是我们投资的，越南、巴基斯坦已经不用投资资本，我们用我们的管理和技术跟他们合资。在全球已经有100多个国家使用了格力空调，我们所有出口的格力空调都是用英文来写的，我相信在很短的时间内，“格力”这两个字在全世界每个角落里都可以展现出来。

我是做营销出身的，我也把自己的情况做一个简单的介绍。我是1991年到格力做推销开始，1996年当了副总，到2001年当了总裁，一直到今天。我的酸甜苦辣都是跟格力分不开的，所以当以后你们想起董明珠的时候，一定要用格力！

青春是什么?
——董明珠在央视《青年中国说》栏目的演讲

我今天站在这儿，觉得自己也变得年轻了，因为和你们在一起。年轻就是竞争力，我们在讲青春是什么？我们很多人站在不同的角度，对青春都有不同的理解，从年龄角度来说，青春是年轻人的骄傲；但对老年人来说，我觉得他们依然保持着他们的青春，因为青春代表一种活力，只有拥有这样青春的感觉，你才能挑战自己。北大的张天一，大家可能觉得他很成功，读了一个法学硕士学位，今天去卖米粉，他其实也是一种挑战，放弃了那么多的知识而去卖米粉，他找到了自己的感觉，他认为这也是青春。但是一个人的青春不仅仅是一种感受，而是因为自己改变了别人。

今天我不想分享我自己，我想和你们分享格力电器那些年轻人，分享他们的梦想。我们有一个员工，他是一个初中生，他来到格力电器就是一个普通的搬运工。按照一般人来说，一个搬运工把货搬走，不把货摔了，就觉得很好了。但他不是，他在公司看到我们的叉车，就特别地羡慕。他想，什么时候我能去开这个叉车就好了。他每天下班以后就围着叉车转，后来他的班长说，你如果对这个叉车感兴趣的话，就去考个证。结果他就花了600块钱，去考了一个叉车证，开始开叉车。他实现了他的梦想，但他并没有因此满足。有时候，不满足也是一种青春。他开了叉车后，跟同事们在一起吃饭时，看到别人用打火机把啤酒瓶盖打开了。你知道他在想什么？他在想，如果我的叉车能把啤酒瓶盖打开，是不是就表示我的技术更加精湛了？他回来后买了好多箱啤酒，每天去练，最后他成功了，他不仅用叉车叉开了啤酒瓶盖，最后他练到了能用叉车穿针引线。这种精神感动了一批人，我们公司现在所有的叉车工在培训过程中，必须能开啤酒瓶盖和穿针引线才是合格的叉车工。

我再讲第二个例子，我们公司的一个本科毕业生，他学的专业是暖通专业，到我们企业12年时间，从一个普通的大学生成为了我们一个研究院的院长。他不像张天一，没有自己的公司，但是他很自豪，因为他带领一个团队开发出了很多领导了这个行业世界地位的技术。我们对青春的梦想，对青春的向往是什么？就是我们每个人把自己的能量释放出来，因为我们自己的释放，我们改变了一批人，感动了一批人。

我60岁了，但我一点没觉得我老了，因为我觉得我一直非常有斗志，有活力。1990年我到格力电器当业务员，1995年做部长，我接手格力电器时，我们4个亿都没有，但是我用一年时间做到28个亿，这个变化并不是说我有多少能耐，我觉得正是因为青春，我觉得我有活力、我有追求、我有梦想。我的梦想是什么？就是把我们的产品卖到世界各地。

别人都在说你已经很成功了，我说我还没有成功，我觉得我今年还在打地基，因为我现在还没有让全世界70亿人都用格力空调。有这么远大的目标，这么好的梦想，你就有无穷的力量，你就觉得自己永远青春，所以我一点都不觉得我年龄大了。我希望每一个年轻人把青春守住，不是守住你的年龄，而是守住你的精神。我们只要有精神，就一定能成为一个对社会有用的人，这不仅是自己个人财富的一种表现，更多的是你能够带动别人，你的存在对他们来说非常的重要，我认为这就是青春，谢谢！

女人，对自己狠一点
——董明珠在央视《开讲啦》栏目的主题演讲

大家好，我很高兴站在这里和大家来分享。可以这样说，也可以骄傲地说，格力电器是一个专业化的企业，是一个只做空调的企业，能够用22年的时间，从2000万做到1000亿，从2万台做到4000万台，这样的成绩到底来自于哪里？不是我一个人，是我们所有的员工。大家都有一个对自己的狠，才能不断地把自己的产品做得越来越好。

我记得当时我应聘到格力电器的时候，我是去应聘当个业务人员，说实在话，那时空调是什么东西我也不懂。但是我去的时候，我遇到一个最大的问题，就是我上一任的一个业务人员留下了一笔40多万的债务。很多人也说董明珠你别去追了，这跟你没有关系。我后来讲我是一个格力的员工，我今天接替了他的这个位子，我就要对企业负责任。这一笔债40多万我追了40多天，天天堵在他的门口，他到哪儿我就跟到哪儿去问他要，最后那一天的时候他终于同意了，他说你来拿货吧，我把货给你，后来我说好。结果到那时他又不见了，我就特别生气，我又找了他们手下的员工，动之以情，晓之以理，让他们能够理解我：如果是你的企业，我们两个换过来，你们会怎么样？然后他们听了也很感动，说明天老总一到，我们偷偷地通知你。所以第二天那个老总到的时候，我就堵在那儿，当时我的心情很激动，我就自己去搬，那个空调很重但是我也不管，就是拖我也要把它拖到车上。结果我把它拖完以后，上了车我还怕他追过来，把车上的货拦下来，所以等车子发动的那一瞬间，我就跟他说，我这一辈子都不会和你做生意。也就是那个时刻，我真的是流眼泪了，我哭了，因为追债太困难了。

很多人对这件事不理解：这不是你个人的东西，你干吗这么去较劲？但是我觉得作为一个人来讲，一定要有个做人的原则，就是要对别人负责任，你是这个企业的员工，你要对你的企业负责任。在这个情况下，大家说董明珠你回来当部长吧。当时我是业务员，最高时可以拿到一百几十万，而我们那儿的总经理才能拿几万，所以我觉得单从这个数字变化来看，还是当业务人员好，我不想回来当部长。但是一想也应该回来，就是说你一个人再有能力，如果企业真的垮掉了，你还能存在吗？

当回来做了部长以后，我用两个例子来说明，这个对自己狠一点的好处在哪里。一个就是当时我们的销售有淡旺季，到了旺季大家都来催货，我们的一个经销商就找到我的哥哥说你帮我拿100万的货，我可以给你两三万块钱，这个提成给你。所以我哥哥也很高兴，打了个电话给我说，明珠，我明天想到珠海来。我说你来干什么。他说我要来拿货。我说你又不是经销商，你来拿什么货啊。他说有好处给我啊，拿100万的货可以给两三万块钱。我说你不要来，然后就把电话挂了。电话挂完以后，我就马上打电话给那个经销商，我跟他说什么呢，我说是不是你通过我哥哥要货呢，他说是啊是啊，他也很高兴，觉得接上头了，但是我给了他一句话，说现在我通知你停你的货了，他就觉得不可理解，因为你格力厂没有任何损失，而且通过你哥哥拿到货，你哥哥也能得到好处，公私都有好处，你为什么不干呢？所以他后来想来想去想不明白，跑去找我哥哥说，你这个妹妹是不是你亲妹妹啊，那我的哥哥也不理解，他说你手上有这个权力，又不让你违法，你就为我们家里做一点点事，让我们有一点点发财的机会，你为什么不给。我跟他讲，当一个人拥有权力的时候，这个权力不是为你服务的。那个经销商半个月后写了个保证书给我，说绝不再找我哥哥了，那一年他做了7000多万，如果按照那个2%的提成，那我哥哥当年就可以拿到一百几十万的提成，但是你要知道，我哥哥是发财了，所有的商家如何看格力电器？他们以后还会用心去做市场吗？他唯一要做的一件事，就是天天去找格力电器勾兑。

那第二个我又狠一点的是什么呢？我不仅对自己要求严，我回来当部长后我才发现公司里面有那么多的问题。到了旺季的时候，不要说这些开票的人有权力，连我们的搬运工都有权力，你想先上货吗？你先送给我一箱水。甚至于发展到后面，你肯定要送点好处给人家，谁给我好处多我就给谁先发货。你们可以想想当时这样的一个状态，这个企业还能不能有生命力？这又回到刚才我们的主持人说的，很多企业让成龙代言以后，为什么垮掉了？不是成龙代言企业才垮掉的，我认为那个企业最起码的，它没有完整的制度。所以我回去以后，人家说董姐原来非常好说话，怎么回来当了部长摇身一变，对我们这么厉害？厉害到什么程度？我们所有的女性是不准戴耳环的，戒指是一律不准戴的，不可以留长头发，全部是短头发，要是长头发必须盘起来，否则不可以上班。可能今天说了大家很奇怪，你董明珠为什么要这样做，因为我当时在这一盘散沙的条件下，要让他们有一种集体的观念，所以首先从行为上来约束他们。

第二个，我做了一个什么事呢？当时规定上班不准吃东西，不准窃窃私耳，不准互相交流讲话，你如果没事干了，你唯一能做的就是给我看书。我们这个内勤人员就觉得你是说说而已嘛。有一天，我从别的办公室走到一个办公室后，大概只有5秒钟的时间，我们下班铃声就响了，但是在这5秒响之前，我看到我们手下的这些员工们在干什么？在吃东西。当时我就罚了他们的款，然后他们又找了一个理由说，我们也没有办法，是某某人带来给我们吃的，你要罚不能罚我们，我说那好，那你们就罚50他就罚100。当时现场罚的时候，我们那个罚100块的员工，家庭条件是非常困难的。那时我们的工资才多少呢？做后勤只有800块钱一个月。你想罚100块钱，对他来说是多大的一个数字。下班以后，我从我的口袋里拿了100块钱给他，我告诉他说那罚款跟这100块钱不是一回事，那个款已经上交了，这是我给你的100块钱，是因为你家庭困难，我给了你这100块钱，但不等于是把这100块钱的罚款还给你。就这样，公司里的员工通过这样一个小小的惩罚，意识到了应该怎么遵守制度。

2001年我当了总经理的时候，格力电器有一个很奇怪的现象，我们格力电器也出现了罢工。大家可能开会的时候说，现在的员工太难管，现在的员工太刁蛮，但是后来我了解了情况后说不是，员工是很可爱的，他没有权力，他是被动的，而我们的干部是风，你干部的风往哪里吹，那个草就往哪边倒。这时我觉得，如果出现这么多不好的现象，原因来自于哪里？来自于我们干部队伍。所以，我当总经理那一年，做的第一件大事就是干部作风整顿。

很多人都说董明珠管营销很厉害，当总经理能不能管得到我们啊？但是那次干部作风整顿会议以后，他们说董明珠太厉害了，但是希望你光打雷不要下雨，过去的就过去了，从现在开始严格要求行不行啊？我说不行，因为你们侵吞了企业的国有资产变为自己的，利用手上的权力，得到你们自己个人利益的最大化而伤害了企业利益，伤害了员工的感情，是绝对不允许的。所以，我对干部做了整顿以后，要知道更多的情况，听到我们真正一线工人的声音。我发现总经理信箱都摆在厂长办公室的门口，那你说谁敢投诉呢？因为当你投了一份材料进去以后，如果总经理找这个厂长谈话的话，厂长肯定就知道是这个人投的，那这个人很可能就被炒掉了，所以没人敢投诉。我怎么办呢？我就把我们的食堂、厕所，反正看不见的角落，全部都挂上了总经理信箱。我们的总经理信箱最多的时候收到过700多封投诉信，我们根据这700多封投诉信找出我们的差距，找出我们的问题，从而练就了一个优秀的干部队伍。所以我觉得这些都属于我们讲的所谓的一个“狠”字。在这个过程中，你为难的一定不是别人，为难的是自己，是自己这个团队。那我觉得我在格力电器22年，我为格力电器付出的，是值得的。

我有一次在台湾过安检的时候，一个安检员看见我，他说你是董明珠，我就笑了笑，他就说我用的是格力空调。他会把格力和你董明珠联系在一起，这种尊重你说你用钱能买得来吗？买不来。所以我觉得人一定要有追求，一个人不要光考虑眼前的利益，或者不要为钱而活，我觉得一个人的一生当中最大的价值，不在于你多么富有，而是你回头再看的时候，你问心无愧，那你就是真正地实现了自己的价值。我曾经在很多场合演讲的时候说过，别人奋斗了，最后很成功，他现在已经是多少多少亿的身价。而我没有这么多的财富，但是我觉得我很幸福，因为我造就培养了千千万万的千万富翁、亿万富翁，我觉得我的价值就在于得到了社会对我的认可。

我记得我小的时候，当时12岁，我们的辅导员说今天大家一定要去游泳，我觉得自己很难看，很丑，所以我不愿意。后来，老师就做了我很多的思想工作，他说你个子这么高，你为什么不能去，就是他这句话激发了我，我说去就去，当时他说我给你挑三个能够横渡长江的人教你。然后这三个人见到水就像回到家一样，就对我说你杵个棍子站那儿等一会儿啊，我们去游一圈回来再教你。恰恰就在他们游一圈的时间，我差点给淹死。当时那水大概就这么深，因为在河边上，当你倒进去根本就起不来，后来有一帮刚学会游泳的人看见了，他们过来把我救了起来。经历过这个，大家可能会说我再也不游泳了，但是后来我就琢磨了一下，我一定要学会游泳，如果我不会游泳，有一天同样还会被淹死。

还有一次就是踩单车，有一天踩单车回家的时候，迎面就遇到公交车过来，当时怎么办呢？就脚下拼命地踩，然后身体拼命地往后仰，因为觉得这样才能避开公交车。当我到了车边上的时候，一下子就倒下来了，倒下后你知道我的第一个反应是什么？爬起来都不看别人，灰都没掸，把车扶起来就跑，当时就觉得很没面子，但是也没有因为倒过，以后自己就退缩了，没有，我更加坚定自己要骑，而且不是简单地骑好，是总结经验，为什么会倒。

现在说说我觉得我最感动，但跟“狠”没有关系的一件事。我的儿子从小学到大学毕业，我从来没有到学校接过他一次。有一次我从他校门口经过的时候，看到他正好放学，我开了车，我真的想停下来接他，后来又一想，一定要让他自己走回家去，所以我没有接他。我就回去了，但是那天其实他很晚才回来，我就问他路上干什么去了，他告诉我说，他在那儿等车，因为有空调的车是两块钱，没有空调的车是一块钱，他为了等那一块钱的车，等了有半个小时，那你说我们是不是缺这一块钱呢？不缺，但是我觉得对孩子也一样的，所谓的狠一点，让他能够培养一种艰苦奋斗的精神，所以今天他已经大学毕业参加工作了，但是他没有在我的身边。他跟我讲了一句话：妈妈您能从零开始，我也可以。所以他自己在外面给别人打工，一个月就是五千块钱，但是他干得很开心，很快乐，所以我觉得这点对我来讲也是个很大的欣慰。

我想借这个机会讲一点就是，希望你们一定要清醒地认识到，只有经历过奋斗，你回味的时候才觉得你的人生是有价值、有意义的，我就是这样。

今天我就讲到这里，谢谢大家！

董明珠内部讲话
——精彩点评所有竞争对手

现在网上非常热闹，当然我们也不甘寂寞。因为我们也委屈了那么多年，因为我们是一个诚信的企业，一个诚信的人和说谎的人在一起，诚信的人前期基本上是吃亏的，因为很多人跟我们讲，你格力再去刷，他是一晚一度电，那我们1赫兹的技术按照他们的计算逻辑的话，我们是四天一度电，那么格力为什么不说？就像网上讲的，因为1赫兹的技术只有在特定的条件下才能够实现的，但是空气、温度、环境略有变化，那就不可能保留在1赫兹的状态下，所以你不能用1赫兹的技术去告诉消费者，说你四天一度电。那么我们格力就吃亏啊，他一晚一度电忽悠得天下到处都是，当然我们格力电器今年也搞了两次活动。

第一次是国庆节降价，对手也慌了，过去我们因为放水放得太多了，是狗是猫都在你前面转，所以那些劣质品牌有了生存的空间。但是我们这样的品牌已经深入人心，在“双十一”这一天的活动里面，我们在空调领域销售占到了60.98%，我们之前是从来没有到网上去销售过，这一去就吓人一跳，所以通过这个，说明我们的品牌在消费者心目中是最受尊重的品牌。

就是因为我们把价格降下来了，有些人就急了，伺机通过家电协会来找我们：格力想干什么，你想把企业带到什么方向去？我说：你管我干啥，我在家电行业是利润最高的，难道你说我在打价格战吗？如果我在家电行业利润最低，我这个企业没有能力盈利，那你说我打价格战。我就是这样打，我还是行业利润最高，你有什么理由说我打价格战。

所以，国庆节这个活动就是格力不喊不知道，一喊吓一跳，国庆节销售我们比往年增长了一倍，同时也让我们行业的其他品牌感觉到了无形的压力。在这样的时刻我们承诺：无论我们的价格发生怎样的变化，我们经销商的利润不会变化，这是我们坚持的第一个原则。第二个我们坚持的就是，大家要清醒地认识到，这不是封闭的时代，这是互联网时代，任何一个地区的一个动作都会让全国乃至全世界知道。这就告诉我们“鲍鱼”时代已经不存在，如果你想做到卖一台格力空调能赚5000块，那你有没有想到当你只能卖一台5000块利润的空调的时候，别人已经卖了无数台空调了。

我算了一下，如果他卖1台空调赚500块钱，10台就是5000块了，他如果卖了50台是多少？但他如果死死地守住这一台，就不可能在这个市场上始终保持竞争力，而且将被这个市场淘汰，所以我们今年国庆节必须下定决心全线价格调整，而且全国统一行动，价格要透明化。这一点有些经销商还不能够理解，我觉得理解也要执行，不理解也要执行，这是一个大的规划，这是我们今年搞的第一个活动。

第二个活动是我们近期在搞的以旧换新，大家知道中国对世界承诺：到2030年的时候，我们国家的碳排放量要减少到30%。这么庞大的数据有谁能把它降下来？空调是用电大户，占着我们总发电量的30%耗电，首当其冲不用说，我们格力的空调销售量领先，我们首当其冲要担当这个责任，这是第一个原因。

第二个原因是某次安排会议的时候，主持人说您今天感觉心情非常愉快吧？为什么？第一因为今天北京的天空特别蓝，大家起个名字叫APEC蓝。第二个是你看今天很通畅吧，不堵车。但是我们知道，这是人为地实现了，因为我们把河北周边几百公里一直到山东地区所有工业停下来了，所以我说我们人为地让我们天空蓝是不可思议的。我上去说今天我们的主持人说是APEC蓝，我希望有一天是格力蓝，我们格力要用我们的行动、用我们的技术让我们的天空永远是蓝的。

基于这些原因，我们进行了第二个方案，就是一定要实行以旧换新。2005年的空调没有能效等级，我们有些企业还很自豪，格力开始有自己的压缩机的时候，又诋毁格力：格力没用、格力质量不好，因为格力用的是他们自己的压缩机，我们空调用的是日本的压缩机。丢人，因为你用的都是别人淘汰的，连能效等级都没有的产品。

我介绍一下海尔做过的一个广告啊：我是空调，送风距离15米。那是鼓风机。如果中国人用一种空调只是享受"鼓风"，一种风的力量让温度降下来、让我们乘凉的话，我认为人在享受的同时也带来了连自己也不知道的病——空调病，几年前报纸广告都有这样的传言，我们在开会的时候都要找没有风口的地方，就是因为我们的空调技术不够先进。

我们依赖别人的技术来做自己的产品，甚至依附于别人，只是赚一个苦命钱。所以说格力作为一个全中国乃至全世界都很先进的企业，是个领头羊的企业，我们就要担当。我们开展以旧换新的活动，对2005年以前的空调全部实行淘汰，格力这次活动拿出来多少钱呢？大概50亿以上。大家觉得吃亏了，我觉得不吃亏，因为一台空调1000块，500万台才50个亿嘛，我最起码让500万台空调减少对空气的污染、破坏，这是对国家的贡献。

第二个我觉得是对消费者的贡献，消费者用过去的一台老空调换成今天的新空调，这意味着他们一年可以节约2000元以上的运营成本，这是对消费者的贡献。

第三个贡献是格力通过这几次500万台的以旧换新，付出50个亿的代价，让中国乃至世界重新对品牌定位，这是我们认为非常值得的一件事情，所以我们的以旧换新行动也震动了整个行业。海尔竟然冒充谁呢——《人民晚报》，伪造国家政府机关媒体，说我们这样是不对的。甚至在我们做活动的时候，说格力库存产品多了，我们不屑一顾。我们是负责任的，我们一定要坚持下去，所以我们一直坚持。

我们后面还会有活动的，我们真正要把那些烂品牌、假冒伪劣、偷工减料的那些品牌全部消灭掉，我们才会停止我们的行为。美的现在忽悠一晚一度电，他说"我们美的是23年的变频专家"，我想问你十年有没有，说个话脸都不红，这就是企业文化。这样的企业我不知道有没有希望，我相信没有希望，一个不诚信的企业对任何一个人都不会做出诚信的承诺，只有格力才能做到。

我们在1996年的时候曾经遇到一件事，所有的企业都把责任推给了商家，只有格力在那一年拿出了1.5个亿补给了商家，而且这是通补，这是我们商家获得的最大收益，虽然他们已经卖掉了产品，依然享受到了我们的补贴。格力的队伍越来越壮大，格力的营销队伍坚持了17年，为什么我们的专卖店全国越来越多，因为我们是格力+诚信。美的曾经模仿过格力，三年就失败；海尔也在学，我觉得日日顺也没有希望；TCL也依然。多少企业都在模仿格力，但他们没有掌握真正的核心东西是什么。他们都以为找几家公司投点钱成立股份公司就能成功，我觉得不是。格力最大的特点就是诚信，诚信于他的合作者，诚信于他的员工，更加诚信于他的消费者，这是格力能够走向世界很重要的原因。

下面，我先讲一下第一部分：格力未来的发展会是一个什么样的企业。我现在可以自豪地告诉大家，格力已经是国际化的企业。

我要是这样讲大家可能不太相信，我自己也不太相信，我到中东出访的时候，我们的商家跟我讲："格力空调太好了，我们卖了8年以后，你给我们的配件，我们已经组装成新的空调了，就用在我们的窗口；但是我提一个建议，你的空调最好能到泰国生产，我说为什么，他说在泰国生产我们的消费者就认为没有问题，中国制造的产品我们是带着疑虑的，每推销一台空调要比在泰国生产的空调要多讲十倍的话。"当他给我讲这些的时候我就很痛心，我们中国的企业太急功近利，为了眼前的利益不择手段，所以"中国制造"成了低价的代名词。但是我后来跟他讲，我不可能到世界的任何地方生产中国的格力，我们一定是在中国生产。第二天，我们在中东的卡塔尔当地做了一个小论坛，但是我们非常的高兴，因为我们讲完了以后，中东的经销商就打电话跟我说他太幸运了，中东地区是晚上两三点钟才休息的，人们早上10点钟以前是不起床的，那天我们格力的空调，早上9点钟就有一个消费者跑他那儿定了2000多套，那也是第一次没有跟他讨价还价的一个交易，他非常高兴。现在格力在中东地区的占比已经达到了30%的市场份额，而且这都是我们格力的自有品牌。

格力真正成为世界名牌仅仅以这个还不能说明问题。2006年的时候，格力获得了"中国世界名牌"，大家在展厅可能看到了这个荣誉，这来得多么不容易，无数项的考核，以市场销量、产品品质和售后服务，包括使用过程中的一些问题等方面进行考核，我们获得了"世界名牌"的称号。海尔说海尔售后服务好，格力说格力空调售后服务最好，我们坚持了挑战自己，所以我们可以说在中国的空调领域格力是最优秀的企业。那优秀到了什么程度呢？美的、海尔、奥克斯等一系列品牌几乎都到格力来挖人，我们这边很着急，哎呀，这怎么办呢？他们挖人的条件是我给你高薪，格力给你5万块，我就给你15万，格力给你10万块，我就给你30万。这些走的人我认为不足为患，这些人不认同我们的文化，我们也不需要惋惜。我坚信格力是一个能够培养人才的摇篮，通过这个挖人行为我们认为我们是当之无愧的中国的世界名牌。

但是到了去年不一样了，去年1月份是美国的开利在我们这里挖人，开利一家挖走了50多个人，我认为这标志着我们从中国的世界名牌成为世界的世界名牌。一个企业到另一个企业挖人，那么一定是这个企业有东西值得他去学，他才会到你这儿来挖人，而我们对挖人的态度非常坚决，决不妥协，因为我们有过这种教训。可能在某个层面上，你是人才，但是我们认为你还不够，因为你本身就不认同格力的文化，因为格力的文化就是贡献的文化，你不认同这一点走是必然的。但是我认为所有走的人都没有好结果，因为他只想着捞钱，这些人到了这些单位对我们来说更好，他们捞得越多他们的竞争力越差，因此，对于格力来说被挖人是一个好事情也是一个好现象。

我们企业在这个过程中坚持自己培养人才，不过，我们曾经也做过梦，我的梦是看到中国的企业是什么什么合资。说得不好听一点，当时我们的企业架构都是外在的模仿，完全没有自己核心的东西。2000年的时候，我依然觉得我们是困难的时候，那是因为我们处于从家用到商用的一种跨越，一拖多做不了。我们希望去买别人的技术，因为中国都这样，我们何不尝试去买技术呢，那我们最后还是没有买到，人家这一技术是世界上最先进的技术。那这件事就反过来告诉我们，你买到的技术都不是先进的，不是即将淘汰就是已经淘汰的，无非是两者当中之一，包括中国的汽车。大家都很得意，你说我买了一个世界名牌，买了汽车回来，花了几百个亿。你说这么大的投入买了个什么落后的技术，现在是新能源的时代，这都快不用汽油了。

我觉得走自主创新的道路是有道理的，我就想是不是可以自己培养人才呢，外国的人我们不挖，中国的人可以考虑，当时来了一个清华博士后。在2000年的时候，清华博士后在清华只有两名，我们格力很自豪，50%的中国专家到我们格力，是不是看到格力有希望呢？但是我看到的不是希望而是灾难，因为他有了权力只做一件事。哪个供应商的货要不要取决于你给我的进贡多少。技术部的技术不在他的目光范围内，所以我们当时开发的所谓先进技术降成本的产品无非就降了40块钱，但是给消费者带来的是不知道空调开了没有、空调关了没有、我的温度到了没有，这给我们的销售队伍、技术队伍带来了很大的伤害。所以，我们的技术开发降低成本不是偷工减料，不是伤害消费者的使用，而是给消费者带来使用上的便利，这是技术开发。

我们自己有一个销售人员曾在我们销售公司当老总，刚毕业到我们格力来，跟我聊天时就说："我觉得好怪啊，我一个刚来到格力当技术员的大学生就天天有人请吃饭，当然我只是一个小小的最底层员工，那上面的人在做什么，我就不知道了。"格力过去经常会出现停线停产的事情，这是因为进来的零部件质量达不到我们的要求，或者我们上了整机一测试发现有问题，就全部停下来，造成了极大的浪费。这个人是清华的博士，那到底是不是人才呢？对于格力不是一个人才，最后也说明了他不是一个人才。后来他的权力下降了，在没有利益可捞的时候走了，到了科龙，科龙大家都知道已经垮了。现在到了志高，志高还能有出息吗？

我觉得什么是人才，首先要有德，再有才。格力现在有5个研究院，我们近期又增加了一个研究院，应该在10天前才组建，我们这么多研究院，我们自主研发的技术人员有7000多人，而且这些人没有一个是从外面高薪聘来的或者难听点说是挖来的，没有，都是高校的毕业生，来到了格力电器，我们给了一个很好的平台培养起来的。我记得有一天来了一个首长，到了我们的双子座，我不知道大家去看过没有，那是一个搞机械加工的，是一个保密的车间，而且也是技术含量比较高的车间，那个厂长就是1982年的，而且他不是名校毕业的。偏偏那个首长一看这个车间这么宝贵，技术含量这么高，就随随便便问你是哪个名校毕业的。他感到很惭愧，又不好意思说，因为第一不是名校，连一本都不是，还是二本来着，就不知道怎么跟首长说，他低着脑袋不好意思。我把他肩膀一拍，我说你抬起头来告诉首长，你说你是格力大学毕业的。就是这些80后的孩子，在社会中，人们带着歧视的眼光或者瞧不起的眼光，认为80后的人很自私，以自我为中心，是不顾及他人感受的一代人。但是在格力，确确实实是他们这代人为格力的发展、为我们国家的建设在做贡献。

我们拥有的专利已经接近1.4万项，在中国这个产业里面，不是我们家电行业而是所有的制造行业，我们拥有的专利数目排在前10位，第一个是华为，我们的专利很多都是国际上领先的，也是国际上没有的，所以我们非常自豪。

前段时间海尔做了一个新闻发布会，说他有磁悬浮的离心机，要有磁悬浮的压缩机才能实现，但是我告诉大家，全球只有两个地方才能生产，一个是丹麦的丹佛斯，一个就是中国的格力，所以我觉得我们因为掌握了核心技术而带来了无限的商机。前一段时间中航来找格力说：咱们能不能合作，你帮我们加工一些核心的部件。这就是我们说的格力电器从一个“格力电器创造良心”到“好空调格力造”到“掌握核心科技”到今天，我们承诺让天空更蓝让大地更绿，格力的发展赢得了社会的尊重。

前一段时间中央办公厅也来了，到我们这里调研，走的时候说了一句话，我们认为是对我们最高的奖赏："如果多几家格力这样的企业，我们中国就有希望了。"正因为我们拥有着这样一支技术队伍，这样一批优秀人才，格力电器未来的5年不会停滞不前。我们已经从终端消费者的单一的空调产品通过技术多元化，发展到冰箱、生活电器，接下来我们还会发展智能家居。什么叫智能家居？很多企业都在炒这个概念，但是我们真正在实现，我们让一个家庭真正智能化，任何一个产品，我们要让它实现在低压状态下的运行。我们现在常用的220伏，会出现很多的安全事故，不可预防的一些安全事故，我们通过我们的技术升级让它在低压状态下运行，这是我们的第一个技术。第二个技术是我们希望让整个家庭所有用的电都来自于格力空调，我们都能保证让空调延伸到所有的家用产品。

昨天来了一个央企的大老总，看完我们的产品以后，就说我回家要赶紧换，冰箱要换，电饭锅要换，空调要换，热水器要换，净水机要换，全部都要换，全部换成格力的。他看了后很振奋，他过去是搞技术的，他以为空调的技术无非就是吹吹风，而在我们这儿他看到的核心就是技术。接下来我还会讲你们需要做什么，我先会把我们企业总部的事情跟大家汇报，让大家了解，你不能前面是什么都看不清楚，你必须看清路；你上了这条船，这条船往哪个方向走你要看清，如果是个破船你会沉入海底死掉。就像如果我们跟了春兰，跟了华宝，跟了科龙，我们现在可能已经不见了。当然，现在还有很多渠道经销商，会因为没有寻找到好的企业做而死亡。所以，我们的技术不会停留在这里，未来会继续发展，我想会更高的。

我们现在的理念是什么呢？比大金好一点、比三菱好一点，就觉得我很好了？现在我们要打破原有的思维，我们的设计理念是消费者想要什么我们做什么，消费者想要却没敢想什么我们就做什么，这样你才有先进性。一个企业用自己的产品改变了别人的生活，带来的是健康愉快的环境，这是我们的设计理念，也是我们和别人不同的经营理念。

我们宁可吃眼前的亏，看到的是百年企业的发展，所以我希望我们的商家和总部一样保持一致的经营理念，不要贪图眼前的利益。随着技术的深入，家用电器的所有产品我们都能覆盖，那我们是不是多元化呢？这个问题别人也在问我，我依然坚持我们是一个专业化的企业。为什么呢？

我们不是一个这个行业或那个行业有钱赚才去做的企业，而是因为自己具有这样的技术掌控能力才去做延伸出来的产品，我依然认为我们是一个专业化企业。我们以后的主流将是一拖多或者家庭式的中央空调。我们的技术已经能够满足一个家庭的需求，满足一个一个大大小小不同面积的需求，我们的思想要转变。

除了民用空调以外，我们已经为一些特殊的场所提供产品。像飞机制造基地条件特殊，对空调使用的条件非常的苛刻，这些地方的空调也由我们提供。

格力非常有实力，它不是一般的海船，而是一艘航空母舰，我觉得格力要感谢你们，你们更要感谢格力，因为你们真正找到了航母，你们可以在这个航母上100年、1000年。别人都说富二代，我们是最自豪的格二代。富二代把钱用完花光拉倒，格二代、格三代延续下去，靠我们的精神，把我们的事业壮大，所以我们是不同的。

有了这一切我们的发展并没有停止，我们在2011年人均产值99万，经过2012年、2013年两年的时间可以达到人均180万，人均效率基本接近翻了一倍，这就是格力电器技术带来的效益。为什么我们降价别人觉得是打价格战呢？我们的价格也没比别人低啊，我们只是降成和他们一样的价格。

格力靠规模不仅让自己企业盈利还要让我们的经销商盈利，更重要的是这部分利益要让我们的消费者共享。大家今天在现场也看到了格力内部的管理是一张纸一杯水的管理，非常的苛刻，我们去年的物料损耗是0.13‰。大的央企来参观的时候觉得不可思议，说：不可能，管得再好也要有一个2%~3%的损耗，我们一般都是5%以上。我们算下格力去年1200亿今年1400亿，按照5%的损耗就是70亿没有了，按照3%也是40亿没有了，我们恰恰在管理过程中创造了效益，这就是格力电器的利润来源。

另外，我们不需要售后服务，在生活电器上我们要求产品生产出来6年不能发生故障，以后国家出台了8年必须更新换代的政策，像汽车一样有个使用年限的话，我们承诺你在用的过程中在使用年限内出现的所有问题由企业承担。这样就进入了一个良性的状态。

如今，互联网给我们带来的最大好处就是跟踪，什么时候生产、用了多久，把职责分清，有利于我们这种创新企业的发展。眼下对生活电器的要求内部已经开始推行，6年内不要服务的售后体系，要求非常高，没有售后服务成本也是降低的，并不是有售后服务成本就高了，在家用空调家用电器体系里，零部件没有更换损失比控制质量成本还要低。

第三个讲的是冰箱，一天耗电两毛钱可能在行业里也是最低的，你别讲什么一级二级，那是个概念，有模糊的空间，我直接告诉你我耗的电多少钱，这是最节能的。我相信晶弘冰箱用3年的时间可以成为中国第一品牌。格力打造了3个品牌，别人说董明珠你浪费品牌，全部都打格力我们也好卖，反正格力生产人家都相信，但是你要知道，中国走向世界的过程中，难道一个格力就能代表中国吗？我不能管别人，但我有能力管我们自己，我准备塑造3个世界级品牌，TOSOT（大松）在国际上已经打开了销路，另外还有晶弘冰箱，晶弘冰箱的瞬间冷冻技术在高档冰箱上应用，我们要求在普通冰箱上也把这个技术切入进去，如果普通冰箱有一个柜也拥有瞬间冷冻技术，你认为它有没有竞争力？

我觉得我们格力电器给你们最大的支撑就是质量和技术，一方面是给你们带来实际的好处，另一方面就是格力电器不会丢下一个人。1996年因为整个市场的情况，库存很大，格力拿出1.5个亿来补贴商家。

同样，格力电器已经进军别的行业，前面已经讲了我们人均效益提高，自动化设备公司和自动化研究院已经开发出自动化设备，格力电器自身在用，同时也对外销售，那么我们自动化的梦想是什么呢？

我们顶级的自动化设备没有一个是自己制造的，你们可以看到我们格力电器加工设备这么先进，就是硬件都是进口的，没有国产的，国产实现不了，所以格力电器的梦想是什么？未来中国所有的加工设备都来自于格力，这就是我们研究院和制造设备公司成立的意义。这将给我们在座的各位带来新的商业化、新的产品销售，每一个省每一个市都有这样的需求，我最自豪的是以后我们国家的飞机发动机是我们格力生产的。

现在很多顶尖的东西都是从国外进口的，中国最好的芯片是国外进口的，这些东西我们都在研究之中。我们相信格力电器将成为一个真正的航空母舰，不仅在家用电器的行业里，而且是通过我们的技术延伸到很多行业里面去，成为一个领导者，这也是我们所自豪的。你们看到我们所汇报的东西之后，如果你们还不努力，就可能会被抛弃丢掉。张艺谋有一个电影叫《一个都不能少》，格力电器也是这个文化，只要愿意跟我们走的人我们一个都不会丢下。

讲到这里我就要讲第二个部分，渠道究竟该怎么干。

现在已经是互联网时代，“双十一”我们在天猫上一天的销售量达到了60%的占比，这两年我们一直在酝酿怎么让商家一个都不丢下，但是我们不能因为舍不得我们的过去而不展望未来，那我们的企业我们整个队伍就要被社会淘汰，所以我们要跟上去。我们怎么跟上去，网上怎么做，是一个很值得研究的问题。

格力现在有2万多个专卖店，从12月1号就开始网上销售。3年前，京东、阿里巴巴都来找过我们，如果那时我们顾及格力的一点利益的话，可能那两三年我们一下子就可以得到很多收益，看起来我们占了便宜，实际上是对大家不负责任，抛弃了你们。我们考虑到线上没我们什么事看起来好像吃了亏，但是这两年我们做了充分的准备，12月1号开始上线以后，我们采取线上线下结合的营销模式，会有什么样的改变呢？

第一，专卖店进小区；第二，专卖店开大店；第三，专卖店不能只做家用空调，要品类齐全；第四，每家要有一支很好的工程队伍。

中央空调市场太大，我们经常拿到几十层楼高的中央空调，谁来做？我们自己的渠道做不了，只能给外部工程商来做，这是一笔财富，我们不愿意放弃，给了你，希望在座的有能力的先行一步。一定要有这种吃亏精神，实际上并没有吃亏，因为你想得到，一定要先付出，你不付出你怎么能得到。我希望我们的商家为了12月1号的线上线下开始联动要做这几项工作，我来讲一下理由。

首先，人毕竟是人，不是动物，科技在发展，不可能没有交流需要和逛商场的需求，只是在网上图一个便利，礼拜六礼拜天我们会去郊游，很少会去逛商场但也会去逛，有一个新事物产生，网上方便了，为什么我没事就要去逛商场呢？网上有了我就在网上买了，但是你没有别人就不会买，这样一部分客户就丢失掉了。当然还有的人也去逛商场，你商店又不行，别人凭什么信任你呢？网上一讲那么好，再多一点像美的那种忽悠企业、忽悠消费者一晚一度电的，那消费者更容易上当了，你把机会给了别人。

我希望把专卖店的品类丰富起来，对导购、销售人员交代清楚，强化和培训，对自己的产品要有所了解。有一个导购员，来一个消费者说：格力好，我家里是格力空调，但我现在想改一改，我想升级了装风管机。导购员想：我只推家用空调有提成，风管机跟我没关系，就来了句——格力风管机不好你买家用空调吧。客户说我不要，我就要风管机，你既然说格力风管机不好我就不要了，我走了。这就伤害了自己的品牌，所以专卖店一定要品牌齐全，把导购员培训好，要懂得自己的产品，这是为下一步做准备。这是我希望大家做到的。

为什么进小区？我们在网上采购就是为了生活方便，店开在家门口，零距离接触比网上更近了，这是品牌的需要，产品线的需要，也是消费者的需要，这是进入小区的好处。更多的好处是：在线上销售后，我无非就成了一个安装工，你打个电话来我给你安装，格力讲究的是诚信文化，那和现在的营销模式没有任何区别。我们的变化是什么呢？从网上采购之后我们会通知就近的经销商进行安装，安装以后我们和这个经销商进行结算，网上高出的部分利润全是我们经销商的，这点我们和所有企业不一样，谁不把店开好谁就没有这个机会。这是未来时代发展的变化，也是摆在眼前的一个选择。如果我们不思考清楚，还觉得，算了，我不去，我就守在这儿，那么这个空调我没办法让你去装，我只能让这个小区里面这个点去装，我们现在搞以旧换新，可能这个活动我们以后还要继续搞。在这个小区里，可能找的就是你，但是你不在这儿，你就失去了这个机会。这是时代发展的变化，要重新审视目前的现状。

第一如何能更好地接近市场和服务？第二怎么让市场规模更大？第三我相信每一个人包括我在内，格力不给我钱我也有奉献精神吗？连工资都不开给我的话我还会留在这儿吗？不可能！这是人性的本能，我们都希望自己的利益最大化，但是有一点，锅里没有了碗里就没有了，每一个利益最大化来源于我们的努力，我们共同去开拓这个市场，资源才能越来越丰富，我们的生活才能随着我们的努力和贡献得到更好的改善。我相信格力电器的人走出去应该比一般人生活条件好很多。

就像我们的员工一样，在制造企业格力电器的员工工资是最高的，去年一线工人5.5万，今年可以到6.5万，我的梦想是未来三年一线员工工资可以达到10万。我们不是银行不可能印钞票，我们唯一能提高工资待遇的方法就是扩大我们的市场，把产品卖出去才能赚到钱，才能提高我们的待遇，这是良性的循环。

这是我的想法，今天我们的商家来了吗？我把我的想法告诉大家，希望每一位商家去思考，你说我考虑3个月以后再做也行，当然你比别人慢了，最吃亏的还是你自己。店的建设已经迫在眉睫，大家看了视频以后可能觉得拍得不太好，实际情况是不是比这好我不知道，按照现在这个视频看我是一点也不满意，这根本体现不出我们国际化的品牌。当然我们开专业店，比如饮水机店啊冰箱店也可以，真正想把公司经营好，仅仅开一个店是不够的，一定要有一个综合店，再开一个专业店相呼应会更好。

消费者打开我们的网站以后，都会在我们格力网站上找什么？我想买个饮水机，我想买个冰箱，或者我家想装多联机，你来帮我设置一下。这就需要我们各位能够跟上，跟上格力电器的发展，跟上这个时代的变化，因为互联网的时代彻底改变了我们，我记得我几年前跟我们的销售公司开会的时候，跟老总们讲，我说：你们回去之后，一定要跟我们商家说，我们几年前就一直在酝酿这件事情，我们要去联网。我们的经销商不愿意，为什么不愿意？有好多不想开发票，为什么不开？就想偷点税。

你想想看，你偷税，你好难过啊！你就不能堂堂正正做！我怕你什么税务局，谁来我都不怕你，有本事你就查，多好的事情，你非要低三下四求人家：帮帮忙啊！我们这个税，能不能搞搞关系，人家税务局像你祖宗一样，但是这税今天给你逃过了，他明天换了法子继续一样罚你。你把几年下来积累起来的公关费用，算一算，比你堂堂正正交税要多得多，而且你晚上不敢睡觉，担惊受怕的。

现在国家已经开始向法治方向建设，我相信以后所有的人都必须依法办事，你们要牢牢记住这一点。我记得有一天，我在北京开会的时候，我就把这个问题讲出来，我说我有个朋友给我打电话，我说干什么，有什么事情？他说："我这两天很郁闷，打个电话给你，没什么事。"我说什么事情这么郁闷啊？他说："别说了，税务局来找我。"我说你这生意行啊。他说："哪里行嘛？没钱赚。"我说怎么会没有钱赚呢？他说："今年情况不好。"那我说税务局凭什么要你税啊？他说："不行啊，要交350万。"我说："那就让他来查嘛，没赚钱，还交350万。"他说："不行啊，查15年的。不赚钱也得交。"整体来讲，我们的法治是在进行中，目前法治还不够完善，那为什么不够完善呢？因为我们心里也有个小九九，我们也想赚点小便宜，但往往赚小便宜吃大亏。

我们中国有很多的古话、古言，都非常有意义，你看我们中国这句“舍得”，我把这句话倒过来“得舍”，你觉得成立吗？我们每个人都想得，都不舍，那怎么得呢？别人又不给你，你怎么得呢？所以只有舍在先，得在后。我们服务好，有问必答，这就是舍。

大家在一起吃饭，经常有这样一种感受，那种服务员态度，感觉像家里遇到什么重大灾难似的，菜做得再好，你吃到心里也不愉快，下次不来了。但是服务员态度非常好，菜虽然有点小毛病，解释下，算了算了，态度这么好，都不好意思，这样就过了。这就是一种舍的表现，怎么去得到就靠我们怎么去舍。你看看，闭上眼睛，当我们伸出一只手的时候，你会得到无数只手来帮助你。这个道理再简单不过，我可能一讲，哪个人都明白，而且小孩也能听得明白，但最难难在我们执行上，我们愿不愿意做到，我们愿不愿意放弃，愿不愿意舍弃，可能这就是我们的抉择。

今天大家来到总部开这个会，我把格力电器未来的几点发展跟大家做了这样一个交流，我觉得大家唯一要做的就是坚定信心。要舍得，你只有舍，才能得到社会的多方面的尊重，消费者的喜欢，企业的爱戴。

我想我们不能再停留在过去的思路上。现在在搞以旧换新，许多问题就暴露出来了，好多公司没有发票。为什么没有发票？过去都是逃税的嘛！但是你要记得国家税务局查你20年，而不是15年，查你20年是什么概念，查到你1万块钱的税，罚你10倍、20倍。

过去的就让它成为过去，在新的时代，在互联网时代，我们要重新定位。现在，我们正在跟很多网站联系合作，不仅仅是格力总部的网站，还有很多其他网站。消费者在网上下单后，均由我们当地的在座的每一位商家送货、安装，你们的收益和格力电器原来的结算没有任何变化，唯一的变化就是你们要把电脑打开，服务要跟上。如果我打开电脑，送个单给你，叫你去安装。电脑上显示的什么，你还没搞明白，那就麻烦了。这个流程我们现在都在培训，大家一定要跟上我们这个新时代的变化。

有人说，格力电器在互联网时代还守着过去的模式，它保守，很难抉择。因为格力电器面临着两难的困境：如果走网上渠道，就要把经销商吸收掉；如果保护经销商，就很难在网上有所作为。但他没有想到，我们格力是一个诚信的文化，是一个全赢的文化，我们始终坚持共赢，可能共赢。在家电行业，格力是独有的文化。我们这儿共赢，你们那儿共赢不共赢呢？记得我们从1997年在湖北成立第一家销售公司，到2001年最后一家，全国28个省市都成立了销售公司。在2001年成立最后一家销售公司的时候，我毫不客气地把1997年成立的第一家销售公司的总经理免掉了。你可能会讲：董明珠，你刚刚讲共赢，你这哪里是讲共赢，你不是把人家给杀掉了吗？我不把他杀掉，他就把我的商家杀没了。是吧？这就引申出第二句话，我一直认为和谐是斗争出来的，没有斗争哪里有和谐啊？那就一盘和棋，不讲原则，共赢还要讲原则。这位总经理因为有了销售公司这个平台，从中为自己盈利，坑害了其他的经销商，违背了格力电器总部的意志，这是格力电器绝对不允许的。

2004年，格力电器之所以在全国退出国美的商场，那也是为了保护我们经销商的利益。如果我们当时只看着自己利益，绝不会退出的。你要知道，他们这些行为都是把平台变成自己的，伤害我们经销商。这是我们绝不答应的。有的经销商1年做100万才赚1万块钱，而你这个销售公司搞了几个亿，还要搞个10%的返点，那怎么行呢？所以我们必须把它砍掉，国美也是一样。它希望通过价格战，把你们专卖店统统灭掉，然后就是它的天下。所以，我们都没有答应。你认为我们是不是共赢呢？

我记得湖北公司的老总曾跟别人讲："我看她不敢动我，我是她树立的一面旗帜。"你不是旗帜，你有没有搞错？你只是举旗的人，你举不好，我就换人举。把自己看错了位置，是不行的。为什么美的学我们的模式，三年以后完蛋了？就是因为它不知道格力的文化是什么，就是刚刚讲的共赢的文化。我们绝对是为大部分人去工作的，而不是为某一个人。

讲到这里，我看了一下，在座的各位有很多新面孔，而且也很年轻，有的还是"格二代"。但是，我们上海地区仅有这样一支队伍是远远不够的。你看看上海有多少小区，我就觉得我们现在做得还不够。我上次到山东，他们说："我们山东做了第一。"我说："不管你多少，你抬头向墙上看，挂着多少是格力的？你这个没有考核标准，你光说没有用啊！"杭州说："我一年销量80亿，明年做到100亿，我们是第一。"我说："你看，墙上是不是都是格力啊。"他说："没有。"还是有空间啊！对不对，那你上海就更不要说了。所以，我觉得一个人只要有挑战精神，有那种不屈服的精神，就会觉得市场无限大。当你说，今年做了1000万，明年要做1100万，那也算进步。但你要知道，市场在某一阶段，它不是这样一个增长比。

在这里，我既然告诉大家我们后面还会有动作，今年下定决心，一定要清场。这是格力电器今年提出来的一个口号："一定要清场！"就是为了我们中国实现蓝天白云，我们也要清场。现在中央空调的市场无限大，大家回去开好自己店的同时，希望大家思考一下：你想不想进入中央空调的市场？想进，你们就要做好准备。我也告诉大家，格力电器有一级资质，以后你们遇到工程项目的话，就用格力电器的一级资质就可以了。我知道你们做中央空调时还要去买人家资质，给人家几个点，最后搞了半天，钱被别人赚了。这也是我们为大家所考虑到的。所以，以后就不要到外面拿别人的资质了。我们全国销售公司都想成立一个一级资质的分公司，我希望有准备的人、有想法的人，加快速度，不懂可以搞懂，就怕不学。

很多人在格力电器这两年非常难受。朱总在的时候，他们说："哎呀，朱总和董明珠只要有一个人不在，格力电器就完蛋了。"后来有人说："朱总走了两年，今年是第三年，看不到希望了。董明珠只搞营销，格力电器不行了，格力电器技术不行了。"还有人说："现在，董明珠只踩油门，不踩刹车，不管中国，还是世界都搞成第一。"增长快了，他不舒服，现在增长一点，他又说增长速度太缓慢了。这些都是无聊之人，我们不要去反驳，反驳什么啊？一个人说自己有孩子就有孩子了吗？你没有孩子怕什么呢？有句话叫"用事实说话"，不要跟无聊之人纠缠这个，干好自己该干的事，这才是我们应该做的。

另外，我觉得企业一定要讲究诚信。对于这一点，我为格力感到自豪和高兴。我相信，在座的每一位商家对格力的认可都是十年、二十年的，也正是因为有了大家的支持和共同努力，我坚定相信我的梦想。那天，媒体问我："你对格力未来有什么打算？"我说："我的打算很简单，全球70亿人只能用格力空调。"

格力从家用空调到中央空调、家用中央、单体分体都可能不要电费，你不买我们空调，你不是有病吗？虽然你肯定会买我们的产品，但是我们一定要把产品做好，把我们的服务做好，产品好加服务好，就两全其美了，世界就属于格力！

今天我就讲这么多。希望大家不要这次回去就不再来了，你们要经常回来走走。你们可以十个二十个成群，去找梁总，让他要求你们回来。他要是不让你回来，你就坐飞机回来，我扣他的钱。

董明珠经典语录

一个人在他的一生中，一定会经历很多的困难，我们就是因为有能力去克服这些困难，才显示了个人的价值。虽然累，但是因为有价值，所以也就不觉得累了。所以，人要有一个很好的定位。

以实现个人价值为生存目的，抱着这一信念去经历，可能就会得到很好的结果，这是我的理解。我当业务员的时候，我说我这一辈子就做业务员。而且我当时的目标是做业务员一定要做到最好。因为你是业务员，你要给企业创造价值，这就是目标。

作为一个企业，对于整个社会来讲，它是一个个体细胞。只有每一个细胞健康，这个社会整体才会显得健康。如果每一个细胞都不好，社会怎样保持健康呢？如果肌体具有了癌细胞，很快这个癌细胞就会蔓延，最终肌体就会死亡。所以企业承担了社会责任，它这个“细胞”一定要健康。怎么样才能健康呢？要有严格的管理制度。

行业是没有倒闭的，只有企业才有倒闭一说。越是艰难的环境越是要苦练内功，在逆境中取得成绩才是真本事。

质量是诚信的根本。我们要在保证质量的基础上，化解价格问题。

格力电器要在材料供应、生产、管理、技术和销售、服务的每一个环节上促成良性的诚信循环，这样才能使市场和消费者对格力有信心，使“百年企业”的梦想不会落空。

作为企业来讲，特别是企业的领导者，你不要说我的企业一年赚了多少钱，如果你的员工都居无定所，那我觉得你就不是一个优秀的企业家。你应该承担起这个责任，给员工解决这个问题。实际上员工最需要的是安全感，有一种依靠。我们就是要给他们创造这样的环境。

企业做大了以后，最重要的问题，一个是制度的延续性，一个是人才的培养。特别是现在80后的孩子已经成为社会的中坚力量了，你要对这些孩子负责任，让他们快速成长起来，要培养一批优秀的、有责任感的年轻人。我们不仅要追求自身企业利润的变化，还要牢牢记住自己的使命。

“价格战”不是中国特色。科学技术的发展、生产规模的扩大、制造工艺的提高，都会使生产成本不断下降，销售价格不断降低。合理的价格竞争，才是造福于消费者，有利于促进企业不断发展的手段。这就要依靠规模效益及成本控制。一味地拼市场份额，挤垮竞争对手，低价倾销，对消费者和企业本身都是不负责任的。

任何一个成功人士首先要有一种奉献的精神。尽管这个词有点老掉牙。但是我觉得还是要坚持。一定要有奉献精神，奉献精神涵盖的面很广。我们都为别人想一想，你在为别人着想的过程中，其实你已经得到了别人对你的尊重。

成功背后都是付出，没有付出是不能成功的，所以投机取巧的、走捷径的人不可能可持续成功。在某一个时间段，他可能是成功的，但不是永久性的。要想可持续地成功，你就要坚持自己的信念。

物质不是一种幸福，他要不要，你作为企业都应该为他考虑。一个国家、社会的发展需要年轻人不断地成长起来，要让年轻人成为有用的人，这才是真正的幸福。我把这个基础给他打好以后，他出去以后就有了竞争力。无论是一个企业还是一个人，都不能太浮躁。你一定要牢牢记住，你的行为要对别人负责任。

我们赚钱的目的不仅仅是为了让自己过得更好，而是让跟你认识的人，或者你能帮助的人，也能过得更好。有了这样的心态，我觉得我才能在制冷领域做到最好。让我的配套产业，因为我的发展，也能有更大的发展，这就是我的责任。

从“中国制造”到“中国创造”最终要体现在技术突破上，如果没有技术突破，还是像过去一样依赖别人的技术，或者是模仿，甚至简单地买一些核心部件回来自己组装，就不能实现真正“创造”的意义。一个企业要生存必须要有研发，否则就会在竞争中被淘汰出局。

市场就是消费者用人民币投票。我坚信，要做好营销工作，必须牢牢抓住消费者的心。

有人将投资失败称为“交学费”，并问“董明珠你交了学费没有”，我说如果他交完学费我还交学费，那我更蠢。国际化更多的是要总结，成功的经验、失败的教训都要总结。因为我觉得这个财富不仅是企业的，也是社会的。

在格力，有个不成文的规定，只要是从同行企业出来的，无论多能干，原则上不收留。不是说别人不优秀，而是如果仅靠别人培养人才，本身就是一个贪婪的行为。跳槽的人，在原来企业“叛逃”的有很多，但大部分都是利益上的问题，或者说个人的利益，比如个人愿望得不到满足。在珠三角，其实存在许多“商业间谍”，在原公司授意下，跑到别的公司“潜伏”几年，然后辞职，将后来公司的一些经营秘密带回原公司。

有的干部权力太大，利用公家的权力为私人谋利，这在公司当中自然会形成很坏的影响。在这个问题上，我们要求非常严格，发现一个“杀”一个，“格杀勿论”，绝不手软。

一个人权力过大确实容易犯错误，但容易犯错误不代表就一定会犯错误。你的头脑要时刻保持清醒，任何时候做决策，你都要考虑你背后的股民利益、员工利益。这些东西如果能够随时随地记住，就不会做错误的决策。

很多人说，你到我这儿来我给你高薪，但在我看来，如果一个人的着眼点就是为了能挣更多的钱，以自我为中心，永远带一种贪婪的心情去做事，很难建设好的企业文化。格力坚持培养一种奉献精神，我们的幸福感和价值观在于能够让更多人幸福起来，这就是你的价值。因此，从格力出去的人，相对单纯，不会搞人际关系，在别的公司往往显得格格不入，很难融入。

不能单纯地以营销谈营销，为销售而销售。一个企业，一种品牌，他们的内在联系到底是什么，思维方式、经营理念、价值取向都是构成这个企业最终市场的依据。所以说，我们的营销工作，有时会忽视一些眼前的利益，因为我们注重的是长远利益。

有传言说格力进入了房地产，但事实上我们没有进入，我觉得我要静下心来，坚持一个吃亏的精神，宁可少赚，我也要在这个行业里做到最精，做得最好。如果房地产中一平方米赚几千块钱，回过头来一台冰箱赚几十块钱，那么心静不下来。可能我的产值在某个时间段来讲没别人多，但我具有竞争力。

我对接班人的要求有三点：一要忠诚，二要有奉献精神，三要讲诚信。如果这几个最基本的要素不具备，他的能力再强，对企业来说可能是埋了一个定时炸弹。我在格力倡导的文化就是“忠诚”，看到韩剧里面的警察见面打招呼就是互相说“忠诚”，这让我很得意。我希望以后格力的员工见面也是这样打招呼，从而形成格力独特的文化。我认为一个领导者应该具有一种奉献的精神，就是不能考虑个人得失，而应该将自己更多的精力全身心地投入到企业里面，把自己的生命与企业联系在一起。我想这也是企业的生命力所在。

参考文献

[1] 文茜. 格力女王董明珠. 中华工商联合出版社，2015年2月

[2] 郭宏文. 董明珠：倔强营销的背后. 中国言实出版社，2015年1月

[3] 王拥军. 董明珠决策格力的66金典. 中国商业出版社，2014年5月

[4] 董明珠. 开讲啦第四十九课：《女人，对自己狠一点！》. CCTV-1综合，2013年7月

[5] 廖小东. 格力真相. 重庆出版社，2010年11月

[6] 董明珠. 行棋无悔. 珠海出版社，2006年12月

[7] 董明珠. 棋行天下. 花城出版社，2000年4月

[8] 格力. 格力官网. http://www.gree.com，1997-2015